푸른밤, 천절 같은 고요 속에

구인순 시인 첫 시집

월간모던포엠출판부
도서출판 채운재

저자의 말

시를 쓴다는 것은

내가 시를 쓰는 것은 남을 의식해서도 아니고 다른 이에게 보여주기 위해서는 더더욱 아니다. 인습의 삭막한 행간에 설 때마다 잃어버린 자아를 찾아 떠나는 길일 뿐이다.

긴 세월을 지나고도 떨쳐낼 수 없었든 삶에 대해 솟구쳐 오르는 불꽃 같은 의문 자체를 감당하기 어려울 때 나는 펜을 잡는다.

때로는 감상적으로 흘러 내 안에 갇힌 나만의 사유에 지나지 않을 때도 있고 냉정한 시선으로 현실세태의 부조리함을 파헤칠 때도 있다. 추한 것도 아름다움이라는 어느 철학자의 말 처럼 고고한 것만이 사람 살아가는 길이 아니라는 것을 시를 통해 깨우쳐 간다.

메마른 사막과도 같은 등식을 성립하는 암울한 현대문명 사회에서 풍요로운 영혼의 안식을 가져다주는 오아시스와도 같은 시. 그 빈곤 속의 풍요로움을 즐기고 노래하는 것이다.

형태 없는 정신적 산물을 시로 옮기며 작은 창조의 기쁨을 맛 본다. 펜 놀리는 소리가 조각하는 기쁨과도 흡사하다. 시는 따스한 가슴들의 가교 역할이 아니던가 어느 교수가 말했다.

시는 이 시대에 필요한 것이 아니라고, 누가 요즘 시대에 글을 읽고 시를 읽느냐고?

처음에는 송곳으로 찌르는 아픔이 왔지만 지금은 개의치 않는다. 시를 이해하는 한 사람의 독자를 위해, 아니 나 자신을 위해 삶을 정리할 나이에 시작된 시인의 길. 넓은 마음의 바다에서 때로는 속삭임으로 때로는 열병처럼 수면으로 떠오르는 자유를 향한 목마른 갈구가 시의 돛을 올리게 했으며 시념의 바다를 항해하게 하였다.

삶과 함께 병행하는 시 속에 남은 생을 묻으리라 다짐한다.

2011년 9월 18일

구인순 삼가

| 차례 |

제 1 부 | 노을에 물드는 이여

제2부 | 선홍빛으로 잠들다

제3부 | 추억의 뒤란에서

제4부 | 마음으로 피운 꽃

제 1 부

노을에 물드는 이여

시인의 낚시

푸른 산 나지막이 둘러싸인 송추 저수지
밀짚모자 눌러쓴 낚시꾼의 날카로운 시선은
수면에 반사되어 은빛으로 빛나고
잔잔한 물여울 끊임없이 퍼져나가면
속 깊은 시인의 마음 물무늬로 아롱진다

허공을 갈래 저으며
한껏 휘어진 낚싯대
현란한 햇살을 튕기는 줄 끝에
금빛 붕어 몸부림치면
은빛 파장에 바람도 춤춘다

해그림자 등에 지고 기다림을 배워
인내를 건져 올리려 하지만
빗나간 사랑같이 잡히지 않고
처음으로 되돌아 온 순간
희미한 상념의 그림자가 어둠에 갇히면
바람의 파문이 걸려던 찌불에
죽어간 시념의 사유가 어신을 보낸다

섬진강변을 달리며

지리산 운해, 바람에 밀려 가면
아련한 실루엣을 투명한 햇살에 벗고
억겁의 세월을 굽이쳐 온 섬진강이 보인다

버들강아지 춤추는
은백의 모래사장을 품고
낮은 음계로 뭉쳐진 세레나데로 흐르다
푸르른 강심 훤히 드러내고 하늘을 향해 누운 보은의 강

강이 산을 안았나
산이 강를 품었나
삼라만상의 경계를 지우고
산그림자 강심을 따라 흔들리면
봄은 섬진강 품에 안긴다

홍 · 백의 매화, 바람을 손짓하고
순백 벚꽃, 소담스런 햇살을 물고
초록이 물무늬 그리며 잠겨 드는 섬진강

제 1 부

노을에 물드는 이여

혼자 걸어야 하는 길
세상과 어울림의 한마당을 펼치고자
죽음의 그림자를 환한 빛으로 승화시키는 벗이여
생의 사유가 얼마 남지 않았다는 죽음의 선고를 담보로
예술혼을 불태워 올리는 나의 벗이여
파도소리, 바람소리, 갯가를 구르는 돌멩이 하나에도
사랑을 실어 전하는 감동의 마음
살아 온 세월의 더께 어깨를 짓눌러도
타인에 대한 사랑이 지순한, 학과도 같은 사람
하늘의 별보다 빛나는 영혼을 가져
당신이 감동하는 세상보다 더한 감동으로 세상을 여울지게 하는 이여
유영하는 물고기와 미려한 학의 춤사위
이곳이 통영이고 자신이라며
작은 울림으로 삶의 전언을 길어 올리며
밝고 환한 빛의 색채 속, 비상의 꿈을 펼쳐
일몰의 태양을 밀어올려
순백의 캔버스를 노을로 물들이는 이여

팔월 열닷새 추석날

한평생
배만 타다 죽은 박 영감 제삿날
팔월 열닷새 추석날
상에 올릴 조기 한 접시 연탄불 위에서 돌아눕고
고향 떠난 자식들 통통배 타고 온다
수많은 고기 잡아 올렸지만
제상에 오를 조기 달랑 두 마리
주인 잃은 그물 코 터진 채 뒹굴고
짠 바람만 세차게 불어 와도
할매는 문밖에서 자식 기다리고
세월은 또 무심히 흘러가겠지

억울하다 억울하다
영감은 한평생 바다에서 살고
가난에 떠밀려온 그 세월 너무 서러워
시린 한숨 토하지만
해지고 낯익은 배 멀리서 들어오면
가슴 쓸어내리던 그때가 좋았지

오늘도 어김없이
떠오른 둥근 달보고
수 없이 두 손 마주 비빈다
내 무슨 소원 더 있나
자식 건강하고 손자 손녀 잘 자라는데
달님한테 고맙고
영감한테 고맙고
눈앞이 뿌옇게 흐려진다

아버지의 바다

먼바다
장어잡이 나가신
고기 비린내 몸에 밴 아버지
밤낮으로 달려
수많은 고깃배 속에서 장어잡이를 한다
해지고 별 뜨는 보름 동안
뭍에 두고 온 가족 봉양할 생각으로
굵고 거친 손마디로 그물을 던진다

때로는 물결 사나운 바다
흔들리는 갑판 위에서
삶과 죽음의 경계를 넘나들며
살과 뼈가 타지만
눈에 아롱대는 내 살붙이 눈빛을 등대 삼아
밤새 통발 드리우고. 동트는 새벽녘
삶의 희망 힘차게 걷어올린다

바람과 친구가 되자

들판에 불어오는 흰 바람소리
옛친구의 음성으로 들려왔네
유년의 시절 짙푸른 보리밭 길 함께 뛰었던 친구야
밝으레한 뺨을 간질이며 옷깃으로 스며 와
블라우스 스커트를 뒤집어
짓궂은 몸짓으로 간질이면
푸른 보리도 고개 흔들며 까르르 웃었어
내가 수수깡처럼 자라고
너도 훌쩍 자라 피터팬처럼 날아다닐 땐
너의 달음박질 너무도 빨라
어디로 가는지 나는 알 수 없었지

주마등처럼 스쳐지난 유년의 기억 너머
성년이 가까워 올 수록 널 만날 수 없었어
나도, 바람도 서로 갈 길이 달라
예고 없이 불쑥 찾아 오는 너의 등을 떠밀었어
유수한 세월의 흐름을 타고
내가 어른이 되었을 때, 네가 하늘과 땅
자연의 전언자라는 것을 겨우 알았어
자연의 소리에 무심히 등을 돌렸을 때
얼마나 무서운 재앙이 덮치는가를 보았어

너의 분노가 팽배할 때는 세상이 두려움에 잠겼고
네 울음이 잦아 들면 그때야 세상은 적막에 드는
바람의 아픔은 곧 나의 아픔이었어
자연의 정령, 바람의 이야기에 귀기울여
존재하는 모든 만물에 감사하는 마음으로
너와 다시 친구가 되고 싶어

한 움큼 빛으로 다가와

한 움큼 빛으로 다가와
어두움을 걷어 내고자 했지만
현실의 벽은 두터웠고
너의 꿈은 소박하지 않았어
내재한 의식은 불꽃이 되어 자신을 사르고
사명감으로 누군가가 져야 될 의무 때문에
방관자만 모여 있는 무의식의 세계에서 고군분투하는 이

누구도 걸어가지 않는 외로운 고행의 길
올곧은 문학의 장을 열고자
보이지 않는 정의로운 사회의 돌파구가 되고자
가난한 영혼들의 무지갯빛 꿈을 일깨우며
자신과의 치열한 투쟁 끝에 얻은 결과마저
헌신의 마음으로 소신공양 하는 이

잿빛 하늘 비가 되어 텅 빈 가슴을 적셔도
아랑곳없이 묵정밭을 일구어 가는 모습
어디서 무엇으로 보상받을까
침묵으로 살아낸 인고의 시간
긴 세월이 흐른 뒤에야 존재의 가치 알아볼까
한 발자국 내딛기도 숨찬 한판 승부였다는 것을.
잿빛 하늘에 한 움큼 빛이 출렁일 때가 언제련지…,

푸새꽃

동토의 대지에 신록의 봄이 와
앞다투어 파란 새순 내밀고
작은 꽃잎 흐드러지게 피우겠지만
맑은 햇살 투명한 들녘의 푸새꽃
현란한 색색의 옷 갈아입느라 분주한 모습

무심한 바람 마음을 스치면
흔들리면 흔들리는 대로
멈추면 멈추는 대로
망각의 강을 건너는지
저무는 서녘
아린 하늘의 아우성, 노을이 되어
푸새꽃 위로 곱게 내려앉는다

부나비 같은 사랑 하지 마라

자유로이 날 수 있어
머무름에 뜻 한 바 없고
하늘 높아 휘영청 달 밝으니
어느 곳엔들 못 날랴만…,

너는 부나비
불을 쫓는 나비
욕망의 몸짓이 끄는 대로
빛을 따라 모닥불 속으로 자꾸만 날아들어
하얗게 재가 되어 사라진 날개를 퍼덕여
영면의 세계를 꿈꾸던 부나비

내 사랑을 떠난 후
불 꺼진 외진 길 위에서
이제는 누구를 기다릴까
저무는 놀 바라보며
잊혀 가는 영화의 제목처럼
황혼이 못내 슬프다는 그 이름, 부나비

남매

같은 뿌리의 열매 나란히 누운 깍지 속의 씨앗
일곱 개의 크레파스로 그린 무지개 그림
경쟁에선 지지 않으려는 투사였고 많이 가지려 다툴 때는 싸움닭을 닮아
세상의 축소판처럼 아옹다옹했지만 내 입장 내세우려고 전전긍긍하지 않았기에
그 가운데서도 행복의 나무는 자라났었어
때로는 형제가 많아 원망스러워 조용히 사는 이웃이 부러웠는데
지금은 소리 높이 불러 보아도 되돌아 올 목소리 없어 허공에 부딪는 내 목소리만 서럽다

막내야, 내 살붙이 시몬아
수도자의 길을 택해 헌신의 삶을 살겠다며 부와 명예 그 모두를 버리고
수도의 길, 누구도 쉬이 가려 하지 않는 길을 홀로 가야 하는 시몬아
육신의 한 부분이 찢겨 나가는 듯 가슴 한쪽이 무너져 내려도 가슴 깃에 두 손을 모으고
지금은 너만을 위해 기도하지만, 먼 훗날 네가 서원을 마쳤을 땐
모두를 위한 축복의 기도를 하게 되겠지
어머니의 귀한 막내, 소중한 내 동생 시몬아, 네가 평생 지니고
가야할 나침반은 순정하고 바른 심성이란다

꽃으로 피어났어라

차가운 눈바람
겹겹이 쌓아온 인고의 아픔을 헤치고
봄을 꽃피우기 위해 자신을 갈무리해온 너
멀리서 손짓하는 봄바람에 웃으며 화답하지 않았다면
어이 함빡지게 꽃 피울 수가 있었을까
온 마음을 다 바쳐 속내를 열어
햇살 고운 날 정열적인 자태와 함께
붉은 마음은 앵혈 되어 한 송이 꽃으로 피어났어라
아픈 과정을 거쳐 활짝 몸을 열면
제풀에 떨어지기도 하고 꺾이기도 할 텐데
두어라 앞날을 걱정하면 어떻게 사랑을 꽃피우리
어차피 생애 한번 밖에 꽃 피울 수 없는 사랑이라면
나의 뜨거운 이름은 붉은 장미이어라

봄날은 올까

꿈꾸지 않았던 너와 나의 만남, 아플 줄 알면서 시작된 사랑
끝자락이 보이는 안타까움 뒤로 숨기고
망설이는 마음의 바다는 늘 출렁이며 때로는 밀어내고, 더러는 뒤집기도 하지만
그리움은 항상 먼저 달려가 안기고 열정은 느린 걸음으로 뒤쫓아 왔다

거부의 자세는 사랑 앞에 맥 못 추는 가련한 몸짓인가
밤마다 되짚어 보는 이룰 수 없는 사유와 조건들
당신과 나의 혹독한 인연에 대하여 훗날을 기약하기 어렵지만
사랑을 밀어내기에는 나의 존재는 무력하다

어느 시인의 말처럼 그 누구를 위해
그 누구를 사랑하지 않았다는 뼈아픈 후회는 남기지 말아야 하지만
너를 등지게 하고 기약 없이 먼 하늘 쳐다 볼일은
내 마음속에만 남아 숨 쉴 일 없기를
온 세상 모두보다 너 하나가 중요하다고 소리치고 싶은 밤
가슴 시린 사랑, 갈 길이 먼데 우리들의 뜰에도 봄날은 올까?

나뭇가지 태우며

아궁이 속 어둠을 밀쳐내며 빛을 깨우는 죽비 소리
잔솔가지 불꽃 지펴 한 생을 지우는 다비의 소리
다홍의 빛, 살아서는 이루지 못한 푸름을 살라
한삼자락 바람에 날리우는 열정의 춤사위

님 향한 일구월심
인고의 바다를 건너고
한 줌의 재마저 남김없이 공중에 비산하는
파리한 심장의 울림은
산빛이 되어 바람 앞에 울고 섰네

풀지 못한 연의 굴레
예나 지금이나 붉게 타고 있어
아득히 먼 시공을 돌고 돌아 되짚어온
윤회의 업을 진 왼 가슴
푸르게 불지핀 화엄의 빛바다

꽃비

어스름이 내려앉는 인사동
가로등 희미한, 외도라진
골목길에 비틀대는 야윈 그림자
이태백이 환생한 듯 달빛을 밟고 가는 사내
술향기로 거나하게 취한 시심
시는 깊어서 헤아릴 바 없고
어둔 밤 촛농 녹아내리듯 고뇌는 쌓여가네

영과 육이 따로 가는 슬픈 여정
마음은 천상을 거닐지만
세상과의 타협에 익숙지 않은 너
가끔 찡그리는 이마의 주름살은
아픈 세월의 상흔이 각인된 흔적
불의와 모순 앞에서는 타협치 않지만
인간의 정 앞에선 여린 들꽃 같은 너
약관의 나이에 시와 결혼해버린 사내
한 시대를 풍미하며 굵은 획을 그어가는
이 시대의 모순이 낳은 풍운아

바람의 영혼은 한없이 자유로워
세상 풍광 속을 넘나들지만
상처받은 어린 새 같은 영혼
쉴 곳 찾지 못해 끝없는 날갯짓으로 울음 감추는구나
날아라. 창공의 푸른 바탕 위
바람의 무늬를 그려 놓는 보라매처럼
시념을 타고 비상을 꿈꾸다, 이상의
현실을 찾는 그날엔, 향그런 꽃비로 나려
모든 이의 가슴에 시향 그득하게 할지니.

솟을문에 달빛 걸고

밤하늘 미리내에
상념의 낚시 드리우고
깊디깊은 한 생각

달빛으로 마당 쓸고
임 오실 고샅길에
은별 뿌려 빛 밝히네

달 따서 솟을문에 세워두고
별 따서 초롱 속에 걸어두고
호롱불 돋은 심지 낮춘 규중심처

설한풍 긴긴 밤
무서리 벗 삼아 지내리까
문풍지 떨어 울리는
바람소리 벗 삼아 지내리까

사랑법

내가 너를 좋아함은
내 안의 너를
좋아하는 것이고
네가 나를 좋아함은
너 속의 나를
좋아하는 것이 아닐까
그렇다면
너와 나는 정말 두리 하나일까
네가 그림에서 보았다는
머리 하나에 팔 넷 다리 넷 가진 사람처럼
나를 따로 두고
너를 생각 할 수 없다는
그 마음 후천성 면역결핍증으로 다가오고
내 마음 주춤주춤
뒷걸음질치며
반추해 보는 사랑법

아버지

만선 깃발 펄럭이며
구성진 노랫가락 앞세운 회항의 날
부둣가 주막집 앞 두 손 부여잡고
만면에 웃음 가득했던
바다가 고향 같았다고 하신 아버지

수평선 저 멀리
점 같은 선 하나 두 눈에 일렁이면
까치발 치켜 세워 보고 또 보며
비바람 거세지고 거친 파도 몰아칠 때
온 식구가 부둣가에 망부석 되어
빈 배면 어떠냐
바다야 아버지만 돌려다오
빌고 또 빌었던 그 시절

마지막 가시는 날까지
바다를 뭍으로 끌어올려
하늘 담은 그물 손질하며
"세상 가둘 천라지망을 버려두면 어부가 아니지."라며
어떠한 삶이 자신의 천직인지
몸소 가르치신 아버지

인습에 적당히 타협하지 않고
세상의 관습에 맞서 싸우시며
자연의 위대함 앞에 겸손하셨던 아버지
임의 숭고한 정신 앞에
부끄럽지 않고자 최선을 다하려
님의 선지식 따라갑니다.

어떤 길

자네 시는
비어 있는 것 같으면서 차있고
차있는 것 같으면서 비어 있네

칭찬인지 채찍인지
흔들리는 내면의 의식을
꿰뚫어 보고 하시는 말씀

어쭙잖은 기교 버리고
진솔한 생각 하나로, 순수의 꿈길 걷고자 하는데
때로는 안개 속 헤매는 것 보시고
리얼과 모던의 갈림길에서 흔들리는 것이
그대, 시인의 삶이라 충고하시네
격앙된 사변의 의식을 조화롭게 결합해
메마른 토양에서도 푸른 잎과 붉은 꽃 만개하는
이상향을 그려내는 사람이 시인이지
각박한 현실일지라도 맛보다는 멋을 말이지

차오름을 여백의 겸손으로 아로새겨
진정한 비움의 미학을 실천하여
다른 이들의 지난한 삶을 위해
스스로를 버리는 줄 아는 사람
희망의 바다로 자유의 깃폭을 올리고
융융한 흐름의 시의 대양을 항해할 수 있을까
명징한 길을 제시한 님의 뜻을 반추해 보는 시간

내게로 오라

푸른 밤
천 길 같은 고요 속
한 잔 술로 지탱된 전신이
실빛 같은 그리움에
풀잎처럼 떨고 있다

가슴에서
가슴으로 번져 가는
어둠의 흐느낌들이
장송곡처럼 난무하고
이슬에서 이슬로 피어나는
고운 향내 음이
가을의 노래처럼 퍼져갈 때
그리운 이여
그대는 마음의 문밖
단절의 사계 속에서
내 눈물을 먹는가

깨어오라
어린 연인은 밤새워 울며
파리하게 지친 어깨 떨고 있나니
따스한 품을 지닌
나의 여인이여
이제는 깨어 내게로 오라

세상 어둠 밀어내고
천공을 환하게 불 밝힌
미리냇길 사뿐, 즈려밟고
정숙한 여인이여 내게로 오라
그리하여
절망의 늪 속에서
여린 신음으로 통곡하는
어린 연인을 안아다오

용서란 이름 앞에

가슴 속 깊이 자리 잡은
너를 향한 분별조차 어두운 자신을
용서하는 것을 네가 알 수 있는지

용서한다는 것은
사랑이라는 마술 앞에
맥 못 추는 몸짓에 불과한 허물 많은 자신을
한 겹 벗겨 내는 것인지도 몰라

번민은 영혼을 구속하고
나의 실수, 큰 아픔을 잉태한 상처 되어
실핏줄마다 핏톨 푸르게 태동하여
붉은 심장을 관통해 흐르지만
그대 위해 행한 일이라고 묻어 두기엔
파리하게 접질린 가슴으로 힘 겨워 하는 것

용서란 스스로 위무하고
자신을 이겨가는 싸움이라
너보다 내게 더욱 관대해지는 일
영육을 정화시켜 우리란 명제 아래
서로를 사랑해보자는 열정의 몸부림
오늘은 다른 누군가를 위해 살아보자는
자아와의 치열한 한판 승부

겨울나무

설원의 대지에 뿌리 내린 한 그루 나무
지난여름, 뜨거운 태양 아래 우람한 자태 뽐냈지만
붉은 잎, 영근 가지를 흔들던 스산한 가을바람에
황금빛 물든 잎새 떨어내고
시간의 흐름에 맞서 꿋꿋하게 버텨선 겨울나무여

지난 계절 눈부신 신록, 불타는 홍엽으로 넘쳐나던 기백
그 영광 모두 사라져가도
본연의 모습 그대로 미동 없는 깊은 뿌리의 나무여
동토, 마름의 땅을 딛고 서서
봄 기다리는 꿈 키워
내 속의 수액으로 희망을 무늬 놓으며
버림과 비움의 미학을 깨닫게 하는 겨울나무여
초연한 모습으로 온갖 풍상을 이겨내는 네게서 나를 찾는다

마중물

살면서 바람차고
희망이란 싹 어디에도 보이지 않아
어둡고 긴 방황의 터널 속에서
혼자 일어서기조차 지치고 힘들 때
우리 서로 마중물이 될 수 있을까

그리운 할머니 생각이 난다
어느 무더운 여름날
우물가 펌프조차 메말라 쇳소리만 토해내고
모두가 물이 없다고 포기할 때
한 바가지 물로 마중 나가
많은 물을 데려오며
"아이야
사람이란 마중물과 같아야 한다".
고즈넉한 웃음 속에 깊은 뜻을 담아 건네시던 할머니

한 세상 살아가면서
누구의 마중물이 될까
힘들거나 목말라 하는 이들 모두에게
어김없이 물바가지 들고
한발 앞서 가는 사람이 될 수 있을까

할머니는 내 삶의 마중 물이었나 보다
아득한 시공을 격하고 못내 그리워해 본다

너의 예술은
-나의 친구 김거람 화가

네 속에서 때로는
달이 되고 구름 되고 새가 되고 나무로 자라
그것은 시가 되고 노래가 되고 그림이 되고
예술이 되어
사람이 되는 길인가

가슴속에서
모든 것이 숙성되고 정화되어
상상력은 그림이 되고
예술적 지성은 글이 되어
최고의 화열속에 새로이 탄생하는 너의 글그림

그림 안에 네가 있고
네 안에 그림 있네
네가 사랑을 한들
꿈인가 생시인가 모를 지경에
떠오른다는 그 이미지를 잡기 위한 몸부림
뉘가 따를 수 있을까

네 그림 속
슬픈 영혼이 갈망하는 타는 목마름도
예술이 추구하는 영원의 세계에
모두가 들어 있음으로
네 사랑이 넘쳐 세상 풍경이 되고
그 풍경은 모든 이에게 보내는 너의 사랑

동생 시몬아
-수도원으로 가는 시몬에게

시몬아!
어깨를 스치는 찬 바람 속에
네가 가진 세상의 모든 풍요를 내려놓고
수도자의 길을 묵묵히 가고자 하느냐
너무 많이 가져, 아직도
비울 게 많아 어깨가 무겁다며
비우고 버리는 수도의 길로 떠나고자 하는 시몬아!

어릴 적
많은 남매 속에서
너는 언제나 잊혀진 존재였었지
무엇을 갖고자 할 때도
모두 더 많이 차지하려 다툴 때에도
가장 적게 가진 너의 조막손은
다른 남매를 향해 내밀어 진 채 였지

시몬, 사랑하는 내 동생아
너의 출중한 머리 탓에
네 마음 어디로 향하고 있는지 아무도 몰랐지
누구 하나 너의 마음 헤아리지 못해도
넌 항상 웃고 있었어

다른 이를 위한 모든 것이 되고자
가장 낮은 자와 동행하며 걷는 길이
결국 너의 출발점이자
목적지였던 것을 이제야 알았어
진정한 구도자의 영성을 타고난 내 동생 시몬아!
축복의 길 위에 휘날리는 무색 승리의 깃발, 영원하기를……,

양의 일생
-아름다운 헌신

푸른 빛 쌓인 들판
하얀 구름 뭉쳐
양떼구름 무늬 놓은 세상
솜털 뽀송한 평화의 수런거림을
한 폭의 풍경화로 그리는
사랑의 세레나데

거친 초원의 더운 숨결 낮추어
꿈결로 머무는 자리
희생의 숭고한 자세로
스스로 몸을 내어 준
열정에 달뜬 뜨거운 생
바람으로 삭히는
너의 뜨거운 이름은 양이어라

오후의 햇살처럼
느릿느릿,
한 생을 뜨는 여윈 몸짓
부드러운 바람으로
흐르는 눈물을 씻어
자신을 맡기는 숭고한 희생

고난의 중심에 섰어도
포근한 사랑 전하며
선하디 선한 눈망울 굴리는
뜨거운 네 이름의 호명
맑고도 선한 양

연꽃
-양수리 세미원에서

고고한 자태
왕관과 같고
솔바람에 묻어오는
은은한 향기
신비로움에 가득 찼네

하늘 보담아 안은 잎새 위
잠시 쉬어 가는 빗방울
이 한 자락 저 한 자락
자신을 비우고 또 비운 자리
은구슬 옥구슬로 구르네

먹구름 흩어 놓는
햇살을 감싸 안고
불어오는 미풍에
펼쳐든 푸른 잎
너울너울 춤추면
오므린 꽃잎 속
세상 시름 삭이고
꽃수술 활짝 피워 올려
함빡진 웃음, 온 누리 밝히네

제2부
선홍빛으로 잠들다

가을단상

자작나무 높은 가지 위
참매미 울음소리
바람의 가락을 타고 하늘로 오르고
선연한 울음소리로 바람의 깃을 틀기 위해
7년의 긴 세월 칠흑 같은 어둠에서
기다림으로 살아 온 이름
빛부신 태양 아래 묵은 허물 벗어
투명한 실핏줄 내비치는 날개옷이 찬란하다

쓰으쓰으 쏴아쏴아
자작나무 잎새를 가르는 울음소리
시간의 흐름에 사위어 가면
염제의 천하에도 가을이 스밀 때
짧은 생의 끝자락
붉은 가을, 하늘길 열면
별리의 울음소리, 선홍빛으로 잠들다

너를 떠나면서

이슬비 대지를 촉촉이 적시듯
함께해 온 길지 않는 세월
어느새 마음속 깊이 뿌리 내린 사랑이었나
추억을 갈무리해 온 서로의 모습
그것은 따뜻함이었다고
무너지는 가슴 감춘 채
사랑이라는 그 표현, 한평생 멍에로 지고 갈까 봐
가는 길 가볍게 마음 감추는 거지
너를 떠나는 그리움의 먼 여정에 주는 선물
네 아픈 만큼 나도 아플 거야
얼마나 아프냐고 물으면
서로의 빈자리만큼 아프다고
가만히 들리지 않게 말할 거야
내 마음 사랑의 꽃다발로 곱게 엮어
시린 세월 견디어 가고 아픔도 삭여 가면서
자유로이 날 수 있는 그날에는
너를 향한 이룰 수 없었든 사랑도
마알간 향기로 피어 날수 있을거야

니 꼴리는 데로
-이창년 시인과의 만남

우연히 찾아온 만남
하얀 머리 휘날리며 누구도 의식하지 않는 형형한 눈빛
잔 높이 들며 "빨자!" 술잔을.
"시는 어떻게 쓰면 될까요." "니 꼴리는 데로."
"굶어도 좋다"
"죽어도 좋다." 팔을 흔들면서 하하 웃으신다
성실보다는 진실함으로 가는 시가 좋지
지식과 논리를 뛰어넘고
숨어 있는 이미지 속에 깨달음이 있어야 하고
일반적인 통념을 깨고 감정과 감각을 살려 나가야 한다고
높은 고지의 고독과 혼자서 사투를 벌이는 것도 시인의 몫
외로움과 고통, 눈물 속에서 치를 떨면서.
"운문과 산문시가 어떤 추세로 흘러갈까요." "니 꼴리는 데로 쓰라."
맑은 혼을 간직하고 깨끗한 심성을 잃지 말아야 좋은 글이 나온다
거나하게 취하셔도 하실 말씀 다 하신다
"학생은 시를 어떻게 쓰나." "꼴리는데로요"
여기에서 박장대소 하시며 아이 같이 좋아하신다
시인은 시를 살아내야 되는 사람이고
시는 인생을 말하는 것이다
어떤 시도 바탕에는 사랑이 흐르고 있어야 되고
결국 사랑을 살아내는 사람이 시인이다
지구 위의 마지막 로맨티스트가 시인이지
어려운 길을 걸어 들어왔네
평생 걸어오신 가시밭길
휘어진 등뼈가 서럽다

아라가야

봄 타는 계절 꿈길 따라 찾아간 곳
투박한 고향사투리 정겹고
마음이 먼저 달려가 보듬는 고향 산천
산수화로 수놓은 열두 폭 병풍을 두른 듯
옛 추억이 파노라마로 펼쳐지는 함안 봉성리
강둑길 억새, 바람 따라 울고
흐르는 강물, 현호색 하늘을 닮아 가면
흰 구름 한 송이 그리움과 함께 유영한다

아라가야 후손들이 자리 잡고 사는 곳
조상의 숨결이 면면히 이어져 오고
아름다운 풍광 속에 살아온 나날
사람은 풍경 속에, 풍경은 사람 안에 하나 되어
오염되지 않은 순수의 땅으로
청개구리 나뭇가지로 뛰어오르는 곳

들꽃의 향연으로 향기 어린 긴 둑길
타는 얼굴 검버섯 돋아도
내 고향 천리 길, 아득한 유년의 기억들이
강가에서 나를 부르는 소리
물빛 좋고 하늘 고운 아라가야
세상사 지친 어깨 내려놓고
넉넉한 가슴으로 거두어 주는 요람에서
한시절 쉬어 가라 하네

*아라가야(경남 함안군의 옛 지명)

그대와 나

누구나 지나온 걸음마다
숙명적 이별이 기다린다는데
허우적거리지 않고 세월의 강 건너려고 할수록
더욱 선명하게 다가오는 그대 얼굴
시간이 안배한 이별, 당신에게 싸늘한 아픔이 된다면
그 아픔은 나에게도 지울 수 없는 상처가 되어
텅 빈 가슴에 찬 서리로 내릴 것입니다

나의 혼을 뒤흔드는 그대
걸어온 시간의 강기슭에 켜켜이 쌓인 추억
사랑이라는 이름 아래 서로에게 준 상처는 없었는지
지난 날을 반추해 보지만
뒤돌아 보는 마음 안에 가득히 고여오는 그리움
기다림은 수난의 업보처럼 힘들었어도
그대 앞에서는 백치가 되는 나

속절없이 당신을 떠나 보낸다 하여도
사랑은 받아서 채우는 것이 아니라
주면서 채우는 것이라 믿으렵니다
사랑의 끝은 또 다른 사랑의 시작임을 알기에….,

웃음으로 기억될까

지나온 삶, 자신의 모습
시작도 끝도 웃음이란 두 글자로 기억될까?
긴 세월 사람들과 함께 많이 웃었지
이 순간도 웃고 있지만.
아침에 지저귀는 새소리 같았던 어린 시절
청소년 시절 그 소리 떠오르는 햇살처럼 빛났었고
어른이 되면서 조금씩 크게 마음껏 웃었어
웃고 나면 가슴이 따뜻해져 사랑이 샘솟았지
즐거운 웃음소리 산골짝 메아리처럼 긴 여운으로 퍼져나갔고
슬픔은 그 소리에 위로받으며 설 자리 잃고 사라져 갔었지
쌓아 온 웃음보따리 풀어놓으면 산 같은 허물도 가려질까
삶이 버겁고 지쳐도 잃지 않았던 웃음
한평생 습관이 되어 때로는 손해 보는 것 같아도
슬프고 억울해도 얼굴은 웃고 있었지, 웃다 보면
어느덧 진짜로 아닌 것 같이 느껴져서
나의 삶 웃음 빼고 무엇이 남을까?
스스로 밝게 만드는 등불이었고 힘든 인생길 녹여주는…….

바보같이 웃으며 살아온 인생 후회는 없다
웃음의 끝은 진리와 맞닿아 있기에

한 송이 꽃으로 피어나야지

블로그가 가져다준 인연
그대에게로 가는 보이지 않는 길
손 닿지 않는 미지의 누군가를 그리워한다는 것
문명의 이기 속으로 아득히 사라져 갈까봐
마음속 아프지 않은 날 없었지만
투명한 영혼의 만남은 하늘을 유영하는 새 같이
생의 의미가 그 속에서 생겨났고
두 손 내밀면 잡을 것 같은 환상 속, 떠오르는 붉은 햇살이었지

보이는 듯 보이는 않는 너의 얼굴 실루엣처럼 떠올랐고
형체 없는 그리움은 전신을 들쑤시고 다녔지
무엇 하나 함께할 수 없는 미지의 동반자였지만
마음만은 현실 속의 동행이었기에
환하게 불빛 비추어주는 등불이고 싶었고
지친 날개 쉬어가는 너의 둥지였으면 했어

꽃은 나무의 떨림 속에서 피어난다는데
사랑의 꽃이 고통 없이 피어날 수 있을까
생명과 그리움이 알알이 무르익은 열매를 맺기 위해서
허기진 세월 넘어 자신을 이겨 나가며
길고도 먼 기다림 속에 견고한 신뢰의 뿌리를 내려
그리움이 클수록 하늘 향해 푸르게 미소 짓는
님의 향기 그윽이 배인 한 송이 꽃으로 피어나야지

휴식

자신에게 가장 친근하게 하는 말
어깨에 짊어진 무거운 짐 내려놓고
쉬어 가자는 말, 이젠 그만 자야지
아픈 맘 스스로 달래려다
끝이 보이지 않을 때나
기쁠 때나, 어쩔 수 없이 중심 흔들릴 때
나와의 싸움에서 절절이 위로가 필요할 때
본래의 모습으로 되돌려 주려는 넓은 가슴 같은 것
모든 것 가라앉혀 고요와 편안함을 가져다주는 것
고단한 인생 여정, 지친 영혼이 나래 펴고 쉬어가는
우리도 멈추는 시간이 필요하다고 몸이 아우성칠 때
내가 나에게 줄 수 있는 최고의 선물
지치고 힘들 때 자신을 놓아 주자
바람처럼 자유로운 휴식에 안기면
간혹 애절한 사랑도 보너스로 꿈길에서 보여 주는 곳
감싸주는 무의식의 시간 속에서
지난한 삶을 지탱하는 힘이 솟아나고
저문다는 것은 때로는 구원같이 다가오는 것
깊은 밤 지나 새벽빛으로 깨어나는 새로움이기에…,

사랑이란 이름으로
-차일봉(가를로) 신부님께

구름같이 살다가 바람같이 떠난 님
어린 양들 앞에서는 어진 목동이었고
하얀 잇속 드러내고 소리내어 웃던 천진난만한 양치기 소년 같았던 님
어느 누구의 손이든, 거친 손, 더러운 손, 마다하지 않고 마주 잡아 주든 자애로움
속 깊어 헤아릴 수 없었던 심연의 사랑으로 뭉쳐진 님이여
그리스도의 삶을 생전에 살아 내려고 모진 힘을 쏟았고
님을 따라서 님과 같은 삶을 살아 내리라는 우리들

어디에도 메이지 않은 바람과도 같았던 님
명예, 자리, 권력, 재물, 가진 자를 두려워하지 않았고
님의 사랑 앞에 서면 용광로처럼 들끓는 욕망도 서산에 지는 해와 같았어라
때와 장소 가리지 않고 오지의 세계, 버림받은 이들의 고단함을 다독이며
낮은 소리로 기도하시던 모습
모든 이의 의견을 소중히 여겨 자신을 낮추는 착한 목자
하늘이 주신 생명의 마당을 푸근히 감싸 그 꿈을 일깨우고자
지구촌 곳곳을 누비던 사랑의 발자취
가슴으로 피워낸 꽃보다 더 아름다운 참된 삶
숭고한 모습으로 뇌리에 깊이 각인되어 있습니다

그대는 비와 함께
-정규봉(미카엘)님께

그대의 하늘에도 비 오나요?

식지 않는 땅의 열기는 하늘을 데웁니다
갈비뼈 마디마디 시린 가슴살
대지 위에 푸른 깃폭으로 심었으나
오늘도 하늘은 잿빛으로 웁니다

그대 품은 하늘을 가르며
천공을 휘황하게 불 밝히는 광채
번쩍이며 쏟아지는 은백색 푸른 섬광에 영과 육이 갈려
먼길 떠나간 당신의 흔적은 어디에도 없네요

님 떠난 자리 지워지지 않는 상흔이
노란 나비 되어 하늘에 날아올라
그대 떠난 자리 맴돌지만
아득한 슬픔의 공간, 상처 입은 날개 더는 날지 못하고
날 선 슬픔이 속눈썹을 타고 흘러
눈물 한 방울 창백한 바람 위에 떨어냅니다

그대 나를 향하실 때,
비를 타고 오시기를,
햇살 쨍한 날
그대 그림자만 찾아들면
더욱 서러울 것이기에
하늘하늘 투명한 비의 날개를 펼쳐들고…,

작은아버지

팔순 나이에 고향 지키는 작은아버지
산비탈 일구어 만든 텃밭과 다랑이 논 서너 마지기
농부는 쟁기질하며 뒤돌아보지 않는다는 말처럼
앞만 보고 반듯하게 살아온 인생 여정
나이 들면 고향만 한 곳이 없다고
나직이 속삭이는 바람 같은 목소리
*안질목풀 썩혀 바닥에 깔고 체험으로 일군 논, 밭,
자연을 거스르는 농법은 지금도 손사래 치신다
낡은 지게에 싣고 온 삶의 부피, 세월의 더께만큼 무거워도
타고난 복 요만하면 족하다며 주름 깊은 얼굴로 빙그레 웃으신다

자손들의 만류, 들은 척도 않으시고, 님의 꿈대로
흙과 더불어 숨 쉬며 쟁기질 속에 저무는 삶을 풍요로 가꾸신다
유일한 낙, 들판의 황금물결 거둬들여 자손들 집집이 쌀가마 부치시는 일
베푸시는 손길에 받는 마음 정겨워 절로 놓이는 사랑의 가교
어깨의 붉은 피멍 가실 날 없는 작은아버지
흘리신 땀의 결정, 가슴 저미는 사랑으로 보내주신 금싸라기 마음

*안질목풀 : 풀의 일종으로써 썩혀서 깔면 논의 각종 기생충과 벌레를 예방함

연극

벗과 해질 녘 들린 해오름 극장
관객은 20대 30대 풋풋한 청춘
모두가 쳐다본다
연극 한 장면을 감상하듯이
지천명을 까마득히 넘긴 우리를…,

가지 위에 새순이 움트듯 연극보다 더 연극 같은 삶을 살아온 탓일까
지나온 생의 단면 같은 스토리
배우보다 더 실감나게 연기하듯 살아오지 않았나
억지로 웃음 지은 날은 얼마나 많았고
흐르는 눈물 감추고 타인 앞에서 당당해야 했던 삶
슬픔 안에 기쁨이, 기쁨 속에 슬픔이 잠겨 있다는 것도
그래도 허망진 날보다는 보람찬 날들이 많았지
나만의 존재 이유와 세상에 소중하지 않은 삶이 없다는 것을 깨달았을 때
비로써 우리 인생도 한 편의 연극이 되는 것이다
생애 단 한 번의 연출, 히로인도, 극작가도 모두 자신이지만
재연출은 없다
온갖 시련과 풍파가 한 생을 덮쳤어도
"나 태어나서 죽기까지 행복하게 살았다고 전해줘"
어느 수도원 설립자의 유언이 아니더라도
"나 세상에 소풍와서 즐겁게 살다간다"라는
천상병 시인의 시가 아니더라도
진실과 진리 속에서 숨 쉬고 살아온 삶이라면
이웃에게 작은 감동을 나누어준 삶이라면
무대에 막이 내려 손뼉치며 영원히 함께하는 관객이 없을지라도
내 인생의 마지막 열정을 사르는 연극은 성공작이다

용문사 은행나무

먼빛으로 보이는 수령 1200년 된 은행나무
하늘을 찌르는 기개가 위풍당당하다
속 빈 목어 소리에 번뇌가 사라져 저리 아름다운가
살아온 천년 세월이 고스란히 배어 있는 고목
굽은 몸통과 휘어진 가지
쏟아진 폭설, 거센 바람에 몸부림치며 자신을 지켜온 흔적
가을이 오면 바람결에 샛노란 은행잎을 날려 보내며
욕심과 집착을 버리고 열매까지 떨구어 버리는 나무
잎은 떨어져도 가지 끝, 씨눈을 새겨넣고 겨울을 갈무리하며
봄의 생명을 잉태할 준비를 하지 않았나
비바람 속에서도 주어진 삶의 무게를 지고
묵묵히 걸어가는 성숙한 이같이
나라가 위기에 처하면 큰 나뭇가지가 소리 내며 부러졌다는데
부처님 도량 안에서 노란 해탈을 이룬 불심의 정령인가?
한자리에 뿌리내려 천년의 시공을 돌고 돌아
혹한 세상 번뇌 다 받아 사 루고 또 살라
용문사를 지키는 미륵불로 살아가소서

바람의 연인

어디론가 쉬지 않고 불어가는 바람
불어올 때도 스쳐 지날 때도 묶어 둘 수 없는
자유로운 공간만이 자기 세상이라며
한 곳에 오래 머물지 않고
떠나고 싶을 때는 훌쩍 떠나야 하는 바람

바람 같은 인연에 붙들린 사람
잡을 길 없고 대책 없는 바람의 연인 되어
사랑은 다만 지키는 자의 몫일 뿐이네

거센 바람에 휩싸여 내준 자리에 속절없이 핀 꽃으로
언제 불어올지 모르는 바람을 기다리는 애닯음으로
혼자 지는 꽃잎이 되지 않기를 하늘에 빌었다
그리운 바람이 불어오면
떨어지는 꽃잎으로 허공을 날더라도
오래도록 바람을 그리워하리

나는 가끔 나에게 묻는다

나는 가끔 나에게 묻는다
왜 내 사랑은 늘 이렇게 아프냐고
시작은 내가 아니었지
너를 받아들이고 온전한 사랑을 나누었는데
그 사랑이 이제 떠날 채비를 한다
우리 인연이 운명이고 숙명이라 일깨우며
눈물을 보인 것은 너였어
폭풍우가 밀어닥쳐도 꿈쩍 않을 것 같은 인연
우리의 아름다운 날들이 짧은듯하지만
이렇게 쉽게 무너지는 인연이었나?
섭섭하게도 변해버린 것은 너였다
시간은 흘러갔지만 모든 것은 그대로이고
나는 여전히 그 자리에 있는데
사랑에 자격이 필요했을까
타인들의 의식이 그렇게 중요할까
한쪽 어깨의 무게를 덜어 줄 수 없는 괴로움도
너 떠난 후 무성한 후회로 6월의 장맛비처럼 마음의 숲을 때릴 텐데
불씨가 되었던 억누르지 못했던 말마디는 뼈아픈 자책
어제의 너는 오늘의 너인데도
다만, 하루 이틀이 흘러갔을 뿐인데
너는 마음을 줄 자리를 바꾸는구나
나비 같고 벌 같은 너의 사랑, 경계 없는 바람 같아서
아! 이제 알았다 내가 이리 아픈 것은
벌 나비에게 몸을 내맡겨도, 떠나버린 슬픈 자리에
한 생을 다하여 한 곳에 머물며 움직이지 못하는 슬픈 운명
꽃잎이 떨어져 휘날려야 겨우 바람 속에서 비명을 지르지
아! 아프다고

별꽃 나무

나는 보았네, 동트기 전
숲 속에서 나무와 별들의 지고 지순한 사랑의 몸짓
싱그러운 초록 잎새 위에 피어난 별꽃
잠든 바람의 틈새로 쏟아져 내려와
밀어를 속삭이다가 깜빡 정신 줄 놓은 작은 별
아침 이슬 내려도 사랑에 넋이 나가
하늘 자리 놓쳐 버린 별무리
밀착된 가슴마다 슬픈 애가 울려 퍼지는 숲 속
달빛 그늘 걷어내는 햇살 속에
빛바랜 꽃잎 되어 온몸으로 울고 있네
사랑하는 별들의 영혼을 보듬어 안은 나무
속절없이 세월이 바뀌어도
별꽃 그림자 따라 하늘가 맴돌며
죽어간 작은 별들을 그리워하겠네

잔뿌리
-주목나무 옮기던 날

고운 수염같이 가늘게 늘어진 숱한 잔뿌리
칠흑 같은 땅속을 헤쳐나가기 위해
눈물겨운 시간을 어찌 견뎠을까
대지의 품속에서 생명을 지키는 오롯한 염원으로
자신의 몸은 절대로 살찌우지 않는 무욕의 나날로
혼신의 힘을 쏟아 땅 위의 생명을 키워 온 놀라운 신비
우람한 몸체와 굵고 여린 가지, 푸른 잎사귀도
부드럽고 여린 수천 개의 핏톨을 통해
강인한 생명력 바위조차도 뚫어내는 그 집념의 화신
잔뿌리가 목말라 울 때 줄기와 잎은 갈증으로 신음을 토하고
잎새는 색깔을 바꾸면서 잔뿌리의 애환을 애써 위로하지
순교의 모습은 감춘 채 햇살 향해 가슴을 열고
보이지 않는 헌신의 길만이 생의 사유로…,

호흡

하루를 시작함의 호흡은
밀물이 밀어닥칠 때와
썰물이 빠져나갈 때처럼
양의 그림자가 음의 그림자로
남게 하지 않게 하고
빛이 솟을 때 들숨 쉬고
달빛 휘황한 날숨으로 어둠을 품거라

내면의 의식에 집중하면
관조의 사물, 흔들리는 자리마다
색다른 언어의 꽃피면
오기조원의 운기행공 오롯이 그대 몫이리니
거친 심화 삭혀
짧은 호흡을 길게 가져가면
단전에 기 충만히 쌓여
결코 흔들리지 않는 하루를 영위하리니

혼돈의 세상엔 오늘과 내일이 없으리니
혼원일체, 우주와 내가 하나가 되고
너와 내가 따로 없어 한치의 다를 바 없으니
우화등선의 계시
서릿발처럼 박히는 새벽 수련장

비 내리는 밤

하늘이 크게 흔들려 쏟아지는 빗방울 소리
신을 부르는 마음의 소리가 긴 여운으로 남는 밤
빗줄기 타고 적막이 하염없이 쌓이는데
빗소리는 사위를 흔들며 내면을 적시고 자아를 자극하네
비와 함께 쉼 없이 변하며 흘러내렸던 앳된 감정들
그 시절은 지나가고 천천히 자란 내 자의식
밤이 없다면 가라앉힐 수 없는 격랑의 파도도
단념할 길 없는 욕망은 칼이 되어 자신에게 상처를 내겠지만
고독이든, 허무든, 내밀한 품속에 껴안은 채 숙성시켜
진정한 침묵 속에 자신을 되돌아 보며
처절한 아름다움으로 빛나고 싶은 밤
어둠은 누구나 혼자임을 깨닫게 하지만
살아간다는 자체가 존엄하다는 것을 느끼게 해주는 시간
어떤 인연은 노래가 되고, 상처가 되어 가슴 짓누르지만
아무것에도 구애받지 않고 꿈꿀 수 있어서 좋은 밤
비에도 노랫소리가 있다는 것을
바람에 실려 오는 소리, 그리움이 묻어오는 소리
그 소리 귓전에 울리면 비가 되어 온다는 것을…,

비바람 치는 날

잿빛으로 모습 감추고
하늘과 땅이 멀어진 날
하늘은 바라는 삶을 살지 않았다고 아우성치고
대지는 자기 탓이 아니라고 발뺌하네
생명의 마당을 푸근히 안지 못해서
땅은 설 자리를 잃고 붉은 신음 소리 토해내는데
하늘과 땅이 마주보며 태고적부터 이어 온 사랑
희대의 짝, 퇴색된 사랑의 한을 풀고자
험상궂은 비구름을 보내어 대지를 흔드네
하늘이 울부짖네, 몸을 흔들며 허공에 진저리치면
땅의 부정을 솎아내고 순수를 되찾으려
부글거리는 욕망을 쏟아내
본래의 모습으로 돌아가라는 빛의 흐느낌
홀로 정화하지 못하는 대지 비바람에 몸살을 앓고
체념한 땅, 하늘의 분노가 멈추기를 간절히 염원했네
하늘이 고요히 내려와 땅과 합일하는 날
땅이 햇살을 머금고 함께 꿈꾸는 날을 그리워하며…,

다섯 친구가 자연 속으로

바람소리마저 숨죽여 멈추는 계곡에
도란도란 정겹게 흐르는 물소리
다섯 명의 친구, 자연 속으로 걸어 들어갔네
자연도 티없이 맑은 그 친구들이 좋아
품 안 깊숙이 받아들여 세상을 잊게 했네

한 친구가 말했네
물은 흘러가면서 어디로 갈 것인지 알까
모를 것이네, 그냥 흘러가는 것이지
아니야 계곡물은 알 것이네
낮은 곳에서 낮은 곳으로 흘러가면 어디에 도착할지

바람이 시샘하여 굵은 빗방울로 시야를 희롱하며
다섯 친구를 괴롭히네
자연과 술과 계곡 물소리에 취한 친구들 하냥 웃네
계곡물이 돌과 바위를 스치며 흐르는 소리보다
빗방울 소리가 피곤하지 않고
함석지붕 때리는 소리는 더 정겨운 거야
가난한 친구가 말했었네

지성과 미모, 감성을 겸비한 친구
나는 어떡하면 좋지 너무 많이 가져
지금은 때가 아니야 충전시키고 기다려
언젠가 정의로운 사회를 위해서 모든 힘을 쓸데가 오지
하지만 누구도 친구가 가진 것을 샘내지 않았네

순결을 끝까지 지켜나가겠다고 말하는 덩치 큰 친구
순결의 종자를 아직 남기지 못했다고.
민들레 홀씨 흩날리는 것, 부러워했을지도 모를 친구야
너의 몸에서 외로운 냄새 나는 것 아는지 몰라

자랑할 것도 내세울 것도 없는 나
조금은 백치에 가까운 나
나이에 걸맞지 않은 순수시대 살아 온 것 같은.
별다른 말없이 자리 채우고 웃기만 하는
큰 도움도 피해도 주지 않는
친구들이 무공해라고 부르는 나

다섯 친구가 자연이 된다
자연이 우리가 된다
시가 우리를 찾아 온다, 먼길을 돌아서
대화는 시가 되고
모두는 시인이 되었네

바보 같은 나

사는 것에
애써 의미를 부여할 수 없는 날들이
화살처럼 지나가고 있다
무념무상인가?
어떤 집중으로 무아지경에 든 것도 아니고
상처나 타격으로 실의에 빠진 것도 아니며
그 무엇에 골머리 싸매고 빠져 들어가서도 아니다
살아 오면서 웬만한 일은 마음으로 삭여
내 안에 흔들리며 갈등하는 일들을 바로 잡아
잘잘못 따지지 않고 그냥 지나가지
좋은 일은 칭찬하며 함께 기뻐하고
나쁜 일은 모른 척 표나지 않게 넘어가며
언제 누구한테 이겨본 적 있었던가
어느덧 젊은 날들이 지나가고 있다
누가 말했다 너는 생각이 없는 사람이라고
그냥 남한테 잘하면서 사는 것이 전부인 사람
정확히 짚어 얘기한 것 같다
하루가 쌓이고 또 쌓여 그렇게 지나간 세월이 모여서
나를 이루었는데 무엇이 되었을까
앞선 이가 되고자 애쓰지 않았고 또한 이루려 애쓴 적 없다
사소함에서부터 감사한 생활
그날 하루, 마주하는 사람에게 최선을 다했고 미움까지도 쓰다듬었지.
어느 날 큰 스님이 " 참 잘살아왔네! 보살이 진정한 보살일세"
그때 달아오른 볼의 홍조, 그 부끄러움이란
숨겨온 모든 것들이 백일하에 드러나는 같은
지니고 있는 아직은 갈고 닦아야 하는 부끄러운 실체
내가 받아야 할 칭찬이 아닌 것 같아 몸둘바 모름을 어찌하랴

제3부
추억의 뒤란에서

가는 길 달라도

긴 밤을 새우며 안타까운 이야기
서러운 이별을 대신하고
가슴으로 피워낸 희망이란 싹 하나
세월이 지나도 퇴색지 않는 아름다움으로
끈끈한 인연의 고리가 되는가

눈 감으면 가슴에 피어 오르는 연무 같이
아득히 멀고도 먼 그리움의 나라
언제 다시 만나려나
하늘 올려다보며
외로움을 가슴에서 지워 낸다

가는 길, 지금은 달라도
서로의 영혼을 살찌우는 자양분 되어
시린 가슴 비워 낸 어느 날
지울 수 없었든 숙명
그 필연의 조우 앞에
말간 웃음으로 우리 다시 만나리

마카오의 밤

대낮보다 밝은 빛과
현란한 오색 네온사인에 가물대는 정신
미끈한 무희들의 현란한 춤사위
빠른 템포의 음악, 현실을 망각하기엔 충분하다
간혹 쏟아지는 코인 소리는 벗어날 수 없는 유혹의 손길
자제력은 힘을 잃고 불꽃 같은 욕망만이 타오르는 곳, 꿈도 미래도 없다
오직 한탕주의로 가득 찬 치졸한 욕망만이 존재할 뿐이다
잡힐 것 같은 신기루, 요행수에 최면을 거는 무모한 도전의 늪
일확천금의 허황된 꿈에서 깨어나도
털어내지 못한 미련 때문에 몇 번이고 되돌아보는 초라한 얼굴들
악마에게 영혼이라도 팔 것 같은 퀭한 동공
존재의 가치를 무의미의 나락으로 밀쳐가는 형체 없는 검은 그림자
별 없는 하늘, 회색빛 구름에 몸을 떤다
한순간의 욕망에 제물이 되어
전 재산을 날려 버리는 회오리바람
그 바람의 교과서를 읽고 배우는 이 밤
어둠을 뚫고 멀리서 새벽이 빛을 연다

아버지의 항구

애달픈 사랑 꽃피우기 위해 항구를 떠난 날
마음속에 아버지는 존재하지 않았고
다가온 사랑만으로 넘쳐 흘렀다
모든 것 상대의 손에 맡기고
닻을 올린 날 애절한 눈길로 바라보셨을 것인데
짧은 날의 행복이 끝나고 가슴 무너져 내린 날
칠흑 같은 밤은 길고 매서운데
어느 곳에도 보이지 않는 빛을 찾아
고뇌의 바다 속에서 허우적거렸다
깨어진 사랑
그 속에도 이해와 배려, 믿음이 있었을까
모든 것 위에 사랑이 우선인데
갈가리 찢긴 마음 안으로 눈꽃이 휘날린다

기억의 뒤편에서 희미하게 깜박이는 아버지의 등대
등대 불이 보이지 않을까 손전등으로
수없이 신호 보냈을 나의 아버지
편안한 뜰과 같은 안식처, 그 고향
언제나 돌아오라는 그 항구의 불빛이 손짓하는데
그곳에 가면 모든 것 잊을 수가 있을까
내 마음 내려놓을 수 있을까
선뜻 뱃머리 돌리지 못하는 어리석음이여
미련이여. 아픈 사랑이여.

시란 말로 절을 짓는다는 의미다

무엇을 볼 때도 외향을 먼저 보고
고운 말로 표현하려고 애썼다
아니면 감정 과잉으로 주절주절 말이 많아지고
이것저것 갖다 붙이다가 대책 없이 길어졌다

이것이 무엇이냐
은사님의 말씀에 번쩍 난 정신
시란 말씀 언(言)' 에 절 사(寺)가 합쳐
말로 절을 짓는다는 의미다
시도 용맹정진 구도의 정신으로 치열하게 하라는 뜻이지
스스로 깨닫기는커녕 남을 깨우치려는 생각은 아예 없애거라

그러면 묵언의 상태가 가장 중요한데
수행이 제대로 안 된 저는 어떻게 하나요?
가슴이 시키지 않을 때는 멈추거라
입과 손끝으로 쓰는 것은 넋두리지 시가 아니다

어떤 시인이 말한 것처럼
침묵의 절벽 끝에 서 있는 작은 수도원처럼
시는 정적의 상태에서 이루어지는 그 무엇임을 깨닫는
의미를 다시 되새겨 보는 순간
아 갈 길이 멀구나 아득하다
그때 뒤통수를 때리는 말씀

올라가보지도 않고 엄살부터….

얼마나 아름다웠던가

등 보이며 멀어져 간 날
함께 해온 세월 끝없이 반추해 보면서
하얗게 지새운 밤, 절망의 끝자락을 부여잡고
그래도 살아남으려는 몸부림 속에
잊으려는 열 가지 이유 생각해 내면
열한 가지 잊지 못하는 것들 앞에서 몸서리쳤다

행여 내가 너를 힘들게 했나
너를 받아들인 것은 지나친 욕심이었을까
"네가 나로 인해서 울지 않게 할 거야"
"어디로 가더라도 너만은 평생 함께 할 거야"
그 고백, 순백의 진실로 받아들였는데
마음 떠나가면 진실도 함께 가는 거니
지난날들 꿈결같이 사라져 가고
사랑과 이별이 이렇게 맞닿아 있었던 거였구나

내 마음의 정원에 봄은 오지 않는 걸까
차가운 겨울을 이기고 거듭나는 봄같이
흘러간 날들이 얼마나 아름다웠던가
비록 긴 날들은 아니었지만
사랑할 수 있었든 것만으로도
네가 나한테 와 준 것을 죽는 날까지 감사하는 이 밤

달빛사랑

칠흑 같은 어둠의 무게
가위눌려 열어 본 창문
하얀 달이 창가에 와서 지키고 있었네
누구의 하늘에도 변함없이 자리매김하며
제 살을 깎아 눈썹 같이 되어도
자신을 내어 주는 아름다운 희생

모든 것 다 주고 나서야
서서히 내 몸을 불리는 사랑
어머니 품 속 같다고 했던 그달이
"아 네가 여기 있었구나!"
굳게 닫힌 마음에는 보이지 않더니
마음의 창을 여니
달빛 사랑이
어머니 사랑이
쏟아져 들어온다

저의 죄를 고백합니다

넓게 보지 못하고
한 곳만을 응시한 죄 고백합니다
한 사람에게 깊이 빠져
다른 이들을 돌아보지 못한 죄 고백합니다
그림에 혼이 나가
모든 것을 무심하게 대한 죄 고백합니다
글 쓰는 것에 미쳐서
다른 것을 생각하지 못한 죄 고백합니다
저의 죄는 한 곳에 빠져들어 가는
정신 못 차리는 것에 있음을 고백합니다
신앙인이 빠질 곳은 하느님밖에 없다며 말씀하신 것을
100% 수용 못 하는 죄를 고백합니다
그래도 용서해 주시려는지요?

매화 축제

차가운 바람의 품에 묻어 봄이 묻어 오는 소리
봄을 잉태한 가지, 기지개 켜며 봄꽃을 수 놓으려 살짝 열어본 세상
산빛 봄볕에 나른하고, 섬진강물 소리죽여 흘러갈 때
소리 없이 피는 눈꽃같이 흩날리는 매화의 봄꿈은 멀고 멀어라

꽃잎은 새색시 볼처럼 꽃분홍으로 물들고
부푼 가지마다 휘어지게 절정의 봄이 오면
불어오는 바람에 상기된 얼굴, 은은한 향기로 다가와 속삭이는 꽃바람
한 세월 그 기다림은 새콤한 녹색의 열매로 그대에게 다가갈 것인데
수줍은 듯 소곤거리는 아지랑이의 노래에 귀 기울이며
화사한 꽃잎의 미소를 보내는 매화 향기에 취하는 봄
강물 속에 꽃그림자 비치듯이
어우러지는 춘몽 같은 겨움이여

사랑의 보속이 무엇인지를

깊은 밤잠에서 깨면
명치 끝을 건드리는 아픔
또 그리움인가

애써 외면해온 그대
공간을 가득 메우고 다가온다
세월 지나면 잊히려나 했던 그대
시간 지나면 가라앉는 흐린 물 같이
몸 안으로 서서히 배어 들어와
아픈 살 뚫고 뼛속 깊이 스며든다

많이 받아 아프고
더 이상 주고 싶어도 줄길 없자
마음 무너지는 사랑
피할 수 없는 무언의 형벌로 다가온다

사랑의 보속이 무엇인지
이제야 깨달아, 살아 있는 그날까지
마음으로 너를 품어 안으리라
수 없이 되뇌는 밤

좀좁쌀 나무

좁쌀스러운 외모로
어찌 벌 나비를 손짓해 불러 올 수 있었을까
꽃도 열매도 아닌 작디 작은 좀좁쌀
짙은 보랏빛 작은 열매 옹골차게 매달고
스스로 먹잇감이 되고자
작은 새들 불러 모으려 유혹하는 손사레

한 마리 새 날아오고
또 날아와 생장의 흔적 다 준 후에야
한세월 갈무리하는 너는
피와 살을 나누어 주고
모든 것 내어 주고도 부족함 없나 살피는
지고지순한 어머니 사랑을 닮은 나무

밤의 소리

낮을 잠재우고
고요 속에 머물러 보지만
그 적막함 속에서도
나직이 들려 오는 슬픔이여 쓸쓸함이여

지나온 삶을 지치게 했던 권위와
크고 작은 위선과 허위의 탈을
그 밤에는 다 버리고 떠나려 했는데
가슴 저미며 달라붙는
풍경의 울림 같은 너의 소리 들려온다

모든 것 품 안에서 잠재우려
감추고 쓰다듬어 보듬는
너의 앙상한 어깨 위
적나라하게 흐느끼는 밤이 너를 안는다

새벽을 잉태하고
고달픈 영혼을 쉬게 할
정지해 있는 것은 어디에도 존재치 않기에
모든 것을 다시 태어나게 하는 어둠 속의 빛줄기
새로움을 기다리는 너는, 무채색의 언어다

함께 있음을

시간은 흘러갔지만
보이지 않는 너와 함께 가는 길
삶의 전부인 것 같이 느껴져서
들판으로 나가 이제는 아니라고 외치고 싶다
가슴 속 지그시 누른 그리움 토해내고
그대가 두려워져 외면하려 했는데
망각의 늪 속으로 걸어 들어가
벌써 잊었다고 애써 말했지만
한 치도 멀어지지 않고 그 자리에 늘 그대로
마음 안에 둘이 함께 살고 있나 봐
눈에 보이지 않는 끈으로 연결되어
하늘을 쳐다봐도 멀리 산을 쳐다봐도
일기일회(一期一會)단 한 번밖에 없는 인연의 고리였나
언제 이 질긴 인연의 끈 놓아 버릴 수 있을까
애써 찾지 않아도 함께할 수 없어도
그 영혼, 그 정신 사방에 가득 차서
시간과 공간 안에 함께 있음을
아! 오늘은 안으로 안으로 소리칠까 봐

당신에게로

세상이 잠든 밤
님이 오시는 조용한 발걸음 소리
온몸으로 듣고 있지만
내 무슨 자격 있어 문 활짝 열어
님을 맞이할 수가 있을까요
당신은 부드러운 미소로
꾸미려고 애쓰지 말고
애써 감추려고도 하지 말고
그냥 그대로의 모습으로 오너라 손짓하시네

당신의 넓은 어깨에 기대면
그 크신 사랑의 치유로
순식간에 모든 것이 제자리로
깊은 상처 아물고 연한 살은 돋아나
본연의 모습으로 되돌아가지요
속죄의 무거운 마음
봄눈 녹듯 사라지게 하고
아이같이 내민 손 잡아 주시는 분
희망의 날개 활짝 펼칠
진리와 평화가 숨 쉬는 나라
아버지가 계시는 사랑의 나라

비둘기

옛 정취 사라져 가는 인사동 골목
사람과 사람 사이로
같은 부류인 양 착각하고
살찐 몸매 뒤뚱거리며 걷는 너
가벼운 몸으로 저 높은 창공을 날아야지
그 자유로움 인간의 포획에 걸려 먹이 사슬과 바꾸고
고개 갸웃거리며 쳐다보는
쇼윈도에 걸린 액자 속 푸른 하늘이
돌아가야 하는 너의 고향인 것을

둥지 잃은 슬픈 애환도 잊은 채
깊은 수렁 속으로 걸어 들어가는 나그네
도시의 매연 속에 서서히 찌들어가는 우리
새가 새 답게 살아가도록 버려두지않고
인간이 인간답지 못한 것에 생명을 걸면
그 푸른 생명 시들어 가리니
제자리로 돌아가기엔 먼길을 왔구나

꿈 속에 그리는 고향
푸른 하늘과 알곡 익는 들판이 손짓하고
새 지저귀고 꽃이 다투어 피어나는 곳
자연과 사람이 화합하는 곳
생명을 가진 모든 것들이 본향으로 돌아가
제자리에서 평화로이 살 수 있다면……,

반딧불

어둠이 내려앉은
저문 강가에
신기루 같은 불빛

작고도 여린 몸짓
무리지어 나는 작은 별들이
깊은 어둠 속을 유영하며
그리움 수놓는다

닿을 수 없는
미지의 세계처럼
너는 반짝이던 동경의 섬
흔들리는 그 별빛

유년의 기억 속을 날던
반딧불이를 따라
찬란한 생의 그리움 쫓아
나는 여전히
그 강기슭 헤매고…·,

간절곶에서

먼바다 건너온 파도
지친 숨 하얗게 토하며
발아래 쓰러지는 간절곶에
너의 소리 밀려온다

너 닮은 햇살
푸른 파도 위로 반짝일 때
남겨진 그리움
미처 건네지 못한 약속인양
내게로 올 것 같아
간절곶 등대와 마주한 채
바닷바람에 얼어붙어
소금기둥이 되는 나

눈부신 순수

솔숲 위로
내려앉은 아침 햇살
눈부신 순수인가
가을바람도 비켜가는 아침
마음속 티없는 순결이
미소 띠며 마중 나간다

보지 못해 안타깝고
만나지 못해 서러운 가슴
지난 생의 만남
어떤 인연이었기에
이렇게 가슴 아픈 사랑일까

한 점 부끄러움 없는 사랑이지만
세상 돌아가는 이치 속에
들숨 날숨 내쉬면서
그 사이사이에도 마냥 그리워진다

다음 생에는
이별 없는 인연으로 만나자
이 지독한 그리움 없을 세상에서
소중한 나의 인연이여

단풍

아지랑이 같은 그리움 피어 오를 때
푸른빛 문양에 붉은 그리움 수 놓으며
지천에 무늬 지는 가을의 향기를 담았구나

지난밤 가슴 먹먹했던 서러움
그만 내려놓고 싶어도
산허리까지 불꽃 행렬 이루어
아우성치며 끈질기게 달라붙는 상념과도 같은 너

구태여 마중하지 않아도
이미 발치께 와 있는 너이거늘
그래, 오너라
오고 싶을 때 오고
떠나고 싶을 때 떠나거라
핏빛 단풍잎 떠나듯
내 가슴 붉게 물들이든
서러웠던 삶의 행보
이제, 시린 가슴마저도
다홍빛으로 물들일 터이니

호롱불

몸속 심지 태워
어스름 밝혀 드는
호롱불 그림자는
두 동공 속에서 춤추며
유리갓 너머 세상을 비춘다

밤 깊어 소쩍새 소리
애간장 녹여도
한땀 한땀 삶의 조각
바늘 끝으로 수놓은 희생의 시간

그림자 없는 등불이 없듯
지난한 삶 살아 보고야
피부로 느껴지는 어머니 사랑

밤새운 노고
알지 못한 철없든 시절
호롱불 심지 같은 작은 몸 태워
저의 생을 밝혀 주신
어머니의 숭고한 그 사랑에 목이 멥니다

가을비 내리고

가을비 내리는 풍경 속
애써 그린 수채화에 떨어진 물방울
붉은색으로 번지면
짙은 고통으로 흘러내려
가을에 묻어 온 비바람에 동화된다

무성했던 푸름을 지우고
길 떠날 채비를 하는 여름
노란 마로니에 잎
낡은 흑백 사진 속의 추억처럼 뒹굴고
또르르 말린 내 가슴 반쪽도 비에 젖는다
흐린 빗속 멀리, 가을 걷지고 있는
하늘의 몸짓을 흔드는 가을의 풍경

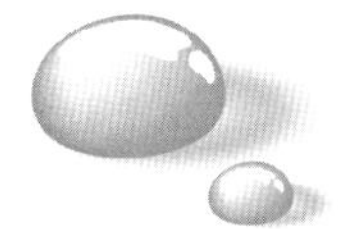

낙엽소리

가을빛 아쉬움 담긴
여린 가슴에서 건져 올리는 낙엽소리
가는 세월 무상의 짙은 설움
세상의 풍경 속에서
흔적 지우는 가을의 흐느낌

무엇에도 매달리지 마라
덧없이 가는 인생길 같이
모든 것을 떨어내고 빈손으로 가는 길 위해
지는 석양이 아름답듯
낙화하는 순간, 네 붉은 잎 찬란하여
가슴 저려오는 파문이 듯
지상에 떨어진 한 잎의 낙엽
제 몸 썩혀 이듬해 새싹으로 다시 태어나는
육신 공양 보살행 무언의 스승이다

진정한 아름다움은
만질 수 없어도 느낄 수 있는 것,
볼 수 없어도 들리는 소리 같이
닫힌 마음 열어주는 솔바람 향기인 것을……,

제 4 부
마음으로 피운 꽃

각자의 몫을 다하고

서로에게 무엇이 필요할까
원하는 것 없고 바라는 바 없으니
너와 나 함께 가는 길 위에서
생명의 새로움을 잉태하고
아름다운 가슴으로 노래하면 되지
그림과 시 속에서 서로 만나
자신과의 싸움에서 이길 것을 바라네
내 것 아닌 것은 바라지 않아
억지로 무엇이 되려 하는 욕망을 비우고
겸손의 토대 위에 진리를 쌓아
주어진 나의 몫을 다하고 하늘 향해 두 팔 벌리자

때때로 부질없는 세상사에 마음 흔들려도
이 또한 바람처럼 지나가리니
오늘 우리가 행복한 것은
각자의 주어진 삶의 몫을 다하면
내일 바람 불어 이 한몸 떠날 것을 염려하지 않기에…,

저녁노을을 바라보며

서산을 등지고
노을에 묻히기 시작한 하늘
푸른빛, 아직은 수정처럼 밝아
지는 해의 마지막 붉은 빛과 어우러져
어둠의 그림자를 밀쳐내고
마지막 찬란한 아름다움을 발한다

인생의 아름다움, 그 절정의 향기는
노년의 넉넉함에서 배어 나오고
살아온 그 자취만큼의
한 송이 꽃이 얼굴에 핀다고 했지

한순간 지는 노을
어느새 땅거미 내리고
조용히 저문 하늘 처럼
놓아야 할 것은 놓고
비워야 할 것은 비워야 하지 않을까
빛고운 저 노을처럼
아름다이 저물어 가려면…,

그리움, 가을바람을 타고

태풍이 지나간 저녁 하늘
붉게 여울지는 노을 자락을 타고
그리움이 검붉게 타오른다

물밀어 가는 그리움이
가을바람을 타고 성큼 다가오고
숲길 휘돌아 오는 바람에
휘날리는 낙엽의 춤사위에
그리움 알알이 배여 있네

사랑보다 더함을 아는 것이
사랑을 진정 아는 것 아닌가
스치는 가을바람에
외진 그리움 소리쳐 불러 보지만
설움에 목만 멜 뿐이네

님은 어디에

우리 즐겁고 행복할 때
님은 어디에서나 볼 수 있습니다
한 송이 꽃이 피어날 때
스쳐 가는 바람소리도 정겹고
반짝이는 별 도란도란 속삭이 듯
우리를 축복하고
님은 무한히 빛 밝혀 사방에 계시어
세상을 행복으로 가득 채웁니다

슬프고 힘들 때
님은 어디에도 계시지 않아
눈을 들어 주위를 둘러보아도
그 흔적 찾기 어려워
무너져 내리는 가슴
외롭고 지쳐가도 기댈 곳 없었습니다

주저앉아 두 눈 감을 때
"나 여기 있단다"
가슴 속 깊은 곳에
먼저 찾아와 계시는 님

"아이야 너 힘들까 봐"
"내가 너의 가장 가까운 곳에
너와 함께 있단다"
속삭이는 님의 음성
오! 사랑의 님, 아버지시여

우리 다시 만난다면

썰물이 지나간 갯바닥처럼
마음바닥 하얗게 드러나도
내가 견딜 수 있음은
오로지 당신 생각 때문입니다

당신 보이지 않는 세상이라면
행복할 이유 사라지고
바라는 것 모두가 이미 욕심일 뿐
아무것도 바라지 않는
아픈 시간 보낸 후에야
허허로운 나의 모습 마주보네요

지난날의 추억에 잠겨 행복해도 되나요
마음 깊은 곳에 넘쳐흐르는 기쁨
다시 돌아오지 못할지라도…,

글은 가슴에서 피어나는 꽃

가슴 뛰는 기다림
불타는 나의 예술
찬바람 지나가고 옹이진 가지 매듭 풀어
연초록빛 싹을 밀어올리면
잎새 짙어 봄으로 가는 길목에서
글은 가슴에서 피어나는 꽃이 된다

고뇌의 바다에서 허우적거릴지라도
가슴을 열어 힘든 사람의 잃었던 노래를 찾아주고
푸른 숲을 이루어 그늘 안에서 쉬어 가도록
마음으로 피운 꽃 안에서는
정다운 친구와 별 같은 정인이 보이고
그 향기로움. 글이 되고 열매 맺으며
사랑과 시와 영혼은 하나가 되어
하늘과 땅을 넘나든다.

깊어 가는 가을

눈부신 아침 햇살에 눈을 뜹니다
세상을 봅니다
"님 향한 사랑도 넘치나면
님을 어렵게 하는 건 아닐까."
가을 하늘에 물었습니다
앞산은 그냥 사랑하고 싶은 만큼
사랑하라며 웃고 있네요

푸른 손 흔들며
또르르 말린 마른 잎 사이로
발갛게 고추가 익어가고
서걱서걱 가을바람
미루나무잎 사이로 지나면
눈 아래 저수지에 고운 자태 머문 구름
맑은 햇살 희롱하고
치술령의 가을은 깊어 갑니다

그리움 쌓이면

푸른 산
푸른 하늘에
흰 구름 걸리듯
그리움은 두둥실 하늘가에 머물고
낙엽 쌓이듯
그대 향한 그리움 쌓이면
행여 임 오시려나
낙엽 밟는 소리에 귀 기울입니다

그대가 두고 간 마음
기억하시려나 애타지만
가져간 마음 되찾을 수 없어 더욱 힘듭니다
아픈 마음 내려놓고 비우고 또 비워
붉은 낙엽 가을 나무 떠나듯
내 마음도 떠날 수 있기를 기도합니다.

사랑이란 이름으로

아이야 넌
내 가슴에 피어난 작고 예쁜 사랑
꽃들이 봉오리 펼칠 예쁜 계절에
살포시 우리 집으로 날아온 너
너를 처음 만났을 때
식탁엔 환한 미소 꽃이 피었고
넌 노랑나비 되어
사랑의 몸짓 가득한
끝 없고 마디 없는 원과 같이
마주 손잡은 우린 가족이었지
하늘의 별이 너보다 더 반짝일까
아침 이슬이 너보다 더 영롱할까
어느 꽃이 너보다 더 향기로울까
너무 사랑하면 때때로
바라는 것에 못 미치기도 하고
가슴 저림도 서운함도 함께 가겠지만
우리 사랑의 힘은 이 모든 것 덮고도 남을 거야
앞으로 어떤 어려움이 다가온다 하여도
환한 웃음으로 너를 안으리
더 귀하디 귀한 사랑의 이름으로……,

여행길에서

멀리 떠나면 잊을 수 있을까
눈 뜨면 늘 함께하는 당신
그림자인가요 또 다른 나인가요
끝없이 펼쳐진 이국의 수려한 풍경
아름다운 산과 바다
이름 모를 꽃으로 수놓은 들판
새파란 호수 위에 하얀 요트
오밀조밀한 풍물가게
아름다운 교회 첨탑들
내가 볼 수 있는 모든 곳
당신 모습 겹쳐 보이고
아려오는 내 마음 허공을 맴도는데
풀향기 은은하고 매미 우는 고향 토담 길
두 손 마주 잡고 거닐던 그 골목 그리워라

나루터 객줏집

밧줄에 묶인 나룻배, 늘 그 자리
찾아 오는 손님 없어
노젓는 사공도 어디로 갔는지

한 시절 장터거리 오가는
장사꾼으로 북적거렸지만
이제는 한적한 나루
객줏집 주모 푸념은 늘어가고
이마에 깊이 패인 주름
시름만 깊어가네

한 잔술에 얽힌 사연 많기도 하지만
지나면 모두가 그리운 것을
강물처럼 사람과 사연들이 함께 흘러갔네
혼자 품었던 연정, 언제나 한번 볼까
굽어진 허리 숙여 빈 술독 들여다보고
뜨거운 한숨 몰아 쉬네

팔십 인생
이룬 것 하나 없지만
남정네 세상사 푸념은 귀에 못이 박이고
외상술에 푸짐한 안주, 덤으로 간 술은 또 얼마던가
주름 깊은 노안, 씰룩이는 입술로 중얼댄다
이만하면 잘 살았나?

몸그림을 보며

몸은 무엇인가요
생각의 집이라고요
그렇지요. 몸이 없으면
영혼인들 어디에도 담을 수가 없지요

몸은 무엇인가요
생각의 깊은 심연을 가리키는
영혼의 집이지요
아름답고 고결한 영혼이라도
몸이 없으면 숨 쉴 곳이 없지요

몸은 무엇인가요
세상 만물을 보고 말하고 듣는
귀한 생명체의 집이지요
몸이 없으면 생명의 보고도 사라지지요

몸은 생각을 모으기도 하고
흩어지게도 합니다
흔들림 없는 마음
본래 선한 자기를 찾아서
본인의 몸에 두어야 합니다
생각의 집에

※ 김반석 화가의 몸그림을 보며

세 친구

-두 친구의 통영 아트페어 전시회를 축하하면서

우연히 만난 세 친구
귀한 인연이 되어 진정으로 서로 아꼈네
그림 속에서 서로를 알아보았고
시의 언어로 그 느낌으로 가까이 다가갔네

괴로움 외로움까지도
누구의 다른 몫이라고 생각하지 않았네
말하지 않고 꾸미지 않아도
그 진솔함 그 착함 그 어둔함을 서로 사랑했네

그들이 걸어가는 외로운 길
아픈 고통 나누며 예술혼을 불살랐지
함께하는 세월 속에서 그 영광 볼 수 있도록
빛나는 도약할 수 있기를 서로에게 빌어주며
어깨동무하며 걸어가는 길

넌 아니

넌 아니
전화기를 살짝 내려놓는 순간
늘 처음으로 돌아가서
다시 전화하고 싶은 이 목마름을

넌 아니
만나고 돌아서는 순간
다시 뛰어가 너의 손 잡고
하고 싶은 말 너무 많은 것 그때야 알지

넌 아니
귓불에 젖어드는
너의 목소리 늘 아쉽고
만나서 헤어질 때는 처음같이 그립고
주고 받는 마음에 남아 사무치는 그리움

넌 아니
내가 너를 더 좋아한다는 사실을
이 보고픔 어떻게 해야 되니
멍울진 가슴 가만가만 쓸어내리는 마음을…,

무의미

앞산 푸른 아름다운 시골길
들꽃은 별같이 피어나고
매미들 합창하지만
당신 함께 걷는 길 아니면 아무런 의미 없고
여름날 과일 풍성해도 식탁에 함께하지 아니면
싱그러운 단맛 그 향기로움을 잃고
멋진 옷 고운 자태 우아해도
그대 보시지 않는다면 아무 의미 없습니다

내가 아름다움 넘친다 해도
예술가적 소질 풍부하고 품성 좋다 해도
모든 것 당신 없이는 빛을 잃을 뿐입니다
기타 치며 노래 불러도 메아리는 없고
작디 작은 행복도 그대 함께할 때
더 없는 선물 되어 빛나고 크게 다가올 것입니다

가을이 오기 전에

안개비에 젖어
길어진 치술령 산자락이
발목 스치는 바람에
가을 느끼고 일어나 앉는다

가을 오기 전
님 향기 불어올까
이는 산바람에 입맞추며
보고 싶은 마음에
먼 하늘 올려다볼 때
흘러가는 구름 따라
내 마음 흐른다

너의 모습 어디 감추었나

우리 처음 만났을 때
바라만 본 그대
왜 아무 생각 없었을까
너의 진실
그 넉넉함
부드러운 감성
보석 같은 진정성만이 빛을 발했었지

잘난 것도
적게 가졌음도
너의 부족함도
나에게는 풍부함으로 다가왔지
순수의 바탕 위에서
사랑의 시 넘쳐흘렀으며
기쁨은 노래가 되어 가슴 속 뛰놀았었지.

무엇하고 바꿀 수 없는
소중한 그대여
너의 모습 어디 감추었나
내 마음속에 살아 숨 쉬나
아! 이 한밤
그대 그리워 잠 못 이루는데……,

아픔보다 더 큰 사랑

그대 무심히 뱉는 말
뾰족한 가시 되어
내 마음 붉은 상처로 물들더라도
바다보다 더 깊은 사랑
모든 것을 품고
조개 속 아픔이 진주 되듯
알알이 영근 보석이 되리라

철부지 행동
한여름 태풍처럼 휩쓸어 가지만
함께할 수 없고
곁에 두고 볼 수 없어
그래도 사랑할 수 있다는 것
그 한 가지만으로
양팔 크게 벌려 포옹하리라
어찌할 수 없는, 아픔보다 더 큰
너를 향한 사랑

짙은 숲길 속으로

그리움 남겨놓고 떠난 그대
다시 찾아오길 기다리며
안타까움 마음에 담고
얼마나 그리워해야
편안한 네가 될까
언제 만나 모든 일 잊고서
푸른 하늘 훨훨 날아 보려나
언제나 손잡고 우리의 낙원
맑은 물 흐르는 산수국 흐드러진
짙은 숲길 속으로 갈 수 있을까?

입맞춤

고운 손 마주 잡고
첫걸음 내딛는 하얀 꽃술에
입맞춤하는 나비처럼
소울 파트너처럼 고결한 우정이
하나 되어 결실 맺기까지
그 사랑 아름다워라

새 지저귀고
햇빛 찬란한 들판 지나
바람불고 비 오는 날 만나도
님의 뜰에서
님을 중심으로 기도하며
서로의 손 굳게 잡고 걸어가리
길고 긴 세월 지난 후에도
첫 입맞춤의 감격 잊지 않고
그 사랑 영원히 이어가리

빗물

해질 녘 내리는 비
님 오실 기대에 답하려는 듯
멈추지 않고 지붕 두드리고
습기 감싼 저녁바람
부드러운 님의 입김 같아 편안한 저녁

빗물에 흔들리는
저수지 바라보며
나누던 차 한잔 그립고
가슴속 그리움은
차향 따라 피어나네

빗물. 2

하늘은
이 많은 빗물
어떻게 머리에 이고 있었을까

한껏 감당 못하고
쏟아져 내리는 빗물
함께 흐르는 눈물
참고 참은 그리움 봇물 터지듯
빗물로 쏟아 붓네

눈물은
내 마음에 흐르고
그리움은
세상을 적시며 흘러가네

그대 모습 그려보고

낮은 비구름
먼 산 지워내듯
내 마음 흐려지면
님 얼굴 또렷해지고
솟아나는 그리움에
그대 모습 그려보고
진보랏빛 꽃잎 위로
떨어지는 빗방울
비를 머금고
그리움 떨어내면
불어오는 바람결에
보랏빛 흔들리고
내 마음 그리움 되어
소나기로 내리네

탱자나무 가지에 걸린 추억

햇볕이 탱자나무 아래 걸리고
내 마음 임을 기다린다
샛바람과 같이 떠난 그대
그때는 눈부셔 볼 수 없었을까

두고두고
솟구치는 그리움처럼
강렬한 몸부림에 힘든데
왜 붙들지 못했을까

그대 닮은
탱자 꽃잎 따서
바람결에 띄워 보낸다

친구야

어설픈 변명하지 않아도
너 속 다 알고 있거든.
자랑하지 않아도
너 좋은 점 이미 알고
억울한 일 호소하지 않아도
너의 안타까움 짐작하면서
무거운 짐 가벼워지길 바라며
늘 정당한 대접 주어지기를
너의 주변이 너를 옭아매지 않기를 바라며
너 걸어가고 싶은 길, 걸림 없이 가기를
너의 긍정이 너를 행복하게 만들기 바래

알아주지 않는 그림에 용기 잃지 않기를
시대의 선구자가 얼마나 외로운가를
궁핍과 결핍의 시대를 견디어 가는지 알아
언제 올지 모를 너의 찬란한 앞길
무지갯빛처럼 영롱하게 펼쳐지길 두 손 모을게

가던 길 멈추고

가던 길 멈추고
사방 둘러보면
모든 것은 새로움

피어 있는 꽃
6월의 소나무 숲
새벽공기의 푸르름

잊고 살았던
신발 한쪽 같은
사연 많은 내 친구들
서로 가는 길 달라도
어디서 살아가는지

그림자 길게 늘인
느티나무 아래서
가만히 불러보는 그리운 이름

우리 마음 밝으면

비 내린 뒤
청명한 하늘 눈부시듯
칠흑 같은 밤도 밝아오는 새벽을 막지 못하지요
우리 마음 밭 환하게 가꾸면
한 세상 기쁨으로 다가오지만
버려두면 잡초 가득한 황무지로
서서히 밝아오는 여명 무거운 어둠을 이기고
집착이 없는 삶, 욕망을 잠재우며
새로운 시작은 희망의 날개 달고
온몸에 새로운 기운 퍼져나가면
새로운 기운은 깨끗한 마음으로 모이네

가난하지만 소박한 영혼들
모두가 매 순간을 살아가는 존재이지만
삶이란 수레의 양바퀴, 행복과 불행
심상 안에 엮어가는 과정은
스스로 만들고 찾아가는 일
우리 마음 밝고 깨끗하면
생명의 나무는 그 안에서 자라고 싹튼다네

파도야 안아주렴

내 마음의 바다에
하얗게 부서지는 푸른 파도
쉼없는 파도 일듯
무수한 아픔과 아름다움 주고받으며
우리 서로 알아 가는 것
천 년 이끼인들 못 씻길까
감추고 싶은 속살인들 못 씻기리
바다와 파도 하나이듯
너와 나 또한, 하나
파도야 날 안아주렴
숨가쁜 내 가슴을......,

꿈속에서

나는 보았네
어젯밤 꿈속에서
당신의 마음
보라색으로 드리워진
둥근 탁자에 앉은 모습
사마리아 여인은 아름다웠네

목마른 길손에게
물 건네던
이방인의 사랑
오 그대
천사의 날갯짓
이슬 같은 삶의 무게 지워 버리고
날아와요. 행복의 숲으로…,

서평

구인순 시인 첫 시집

[푸른 밤, 천 길 같은 고요 속에] 작품해설

시적 가치관 확립의 절대성을 보여주는 정갈한 시세계

전형철 (시인. 문학평론가)

구인순 시인 첫 시집
[푸른 밤, 천 길 같은 고요 속에] 작품해설

시적 가치관 확립의 절대성을 보여주는 정갈한 시세계

전형철 (시인. 문학평론가)

몇 년 전부터 인문학의 위기라는 현실을 방송이나 신문 등 언론매체에서 대서특필 하고 있는 것을 우리는 접하고 있다. 각 대학이나 문화예술 전반에 걸쳐 인문학이 홀대를 받고 있는 것은 기정사실이다. 이는 인간존재에 대한 본질을 모르는 처사라 아니할 수 없다. 인문학인 문학, 역사 .철학은 인간존재에 내재하고 있는 근본사건인 동시에 인간의 본질에 필연적으로 속해 있어 사람들이 이를 한다 안 한다는 선택의 사항이 아니다. 인간으로 존재 하고 있는 한, 인문학 속에서 생활하고 있다는 사실을 결코 망각해서는 안된다. 사람은 태어나면서부터 이미 역사성을 지니고 있고 인간의 삶을 누릴 수 밖에 없다는 자체가 문학성을 지니게 되며 언어를 통해, 보다 진취적인 사고방식을 취하여 발전적인 삶을 유지한다는 사실이 필연적으로 철학함이라 할 수 있는 것이다. 인간은 머리 위의 하늘과 발아래의 땅을 세로로 버텨 주어 그 충돌을 막아주는 중재자 역할을 하고 있기에 인간은 하늘과 땅 사이에서 양면성을 지닐 수 밖에 없다. 사람들은 양면성에 대해 부정적인 시각을 갖고 있지만 이 양면성이야말로 합리적 사고의 기틀이 되는 것이다, 하여 아리스토 텔레스의 정반합에 철학도 여기에서 출발하지 않을 수 없었던 것이다.

이시대 최고의 지성인이라는 대학교수를 지낸 이에게서 문학은 사람들의 필요에 의해 씌여지지 않는, 다만 취미에 불과하다는 언사를 전해들었을 때 불 같이 치솟는 분노를 억제할 길이 없어 한달음에 달려가 문예사조적 거대담론을 제시하며 일전을 불사하고 싶었다. 온통 먹빛으로 덮쳐오는 모멸감에 온몸을 떨었던 격심한 감정의 파문. 모든 문학인들에게 치욕적인 언사가 있어 본 서평의 모두에 밝혀두고 본론으로 들어가고자 덧붙힌 바다.

토지와 어휘의 특성에는 공통점이 많다. 부증성이 그렇고, 소멸시효(消滅時效)의 대상이 되지 않는 소유권의 항구성(恒久性)도 같다. 하나, 토지는 매매나 증여 등 양도가 가능하지만 어휘는 불가능하기에 시를 쓰는 이들의 고뇌는 시작된다. 피땀 흘려 황무지를 개간하여 공시하면, 우체부는 한통의 우편물을 건네준다. 대리인(제3자)으로부터 점유물방해제거청구권이 행사된 것이다. 항변권은 없다. 앞선 이가 선점해 버린 탐욕스러운 어휘는 실용신안이 허용되지 않기에 점차 입지는 좁아져 간다

"꽃이 피는 듯 지다 "라는 어휘를 누군가 선점했다면

"지는 듯 꽃이 피다."

"잎이 피는 듯 지다."

"지는 듯 잎이 피다."

등등은, 어디서 들어 봄직한 것이라고 치부 당한다. 시를 쓰는 이들은, 탐할지라도 결코 절도(竊盜)하지 않기에 치부 당하는 이의 상처는 결코 작다 할 수 없다. 이 시각도 무주물(無主物)을 습득하기 위하여 먼길을 떠나는 이들에게, 명색(名色)뿐인 이들에게 무엇을 어떻게 도와 줄 것인가? 과연, 詩는 실용신안이 허용되지 않는가? 심히 우려할 정도로 평준화되어간다.

평준화의 도도한 황토물은, 기름진 땅을 황폐화시켜 버렸다. 문단의 구들장을 뜨겁게 달궈야 할 지게꾼들은 무엇에 쓰려는가, 기를 쓰고 돌을 주워담고 있으니 아름드리 나무가 되어야 재목감은 돌이

되려 한다. 마땅히 경계하여야 할 파수꾼조차 없으니 아류(亞流)는 무차별하게 양산되고 있다. 독자들은 갓구운 붕어빵도 먹으려 하지 않는다. 등단작과, 무명인작을 제아무리 견주어 봐도 암수를 선별하기 어려우니 독자들은 병아리감별사자격증이 필요한 것인가. 경마꾼은 기수가 부모형제가 아니라 비록 할배라할지라도 실력이 없으면 절대 걸지 않는다. 따라지 끗발 잡고 사술로 땡을 만드는 이는, 노름판의 전문노름꾼이나 문단의 전문꾼밖에 없다. 신춘문예당선작이나 등단작보다 심사평에 매료되는 이가 비단 나뿐이랴……,

어느 곳에나 지천에 널려있는 평지를 산맥과 골짜기로 심오(深奧)하게 만들었으나 철리(哲理)는 찾아 볼 수 없다. 그러나 심사가의 재주는 높이 평가받아 마땅하다. 화가는 그림으로, 음악가는 음악으로 산다. 시인은 왜 시로 살지 못하는가? 그들은 그림과 음악이 전업(專業)인대 유명한 시인조차도 왜 그러하지 못하는가? 무리가 반듯이 득 되는 것은 아니다. 무리에 의하여 햇볕을 쬐지 못하는 경우도 있다. 열차는 낡아서, 달리기가 싫어서 달리지 못하는 것은 아니다. 산천을 넘어 달리고 싶은 것이 비단 열차뿐이랴. 가벼운 마음으로 나들이 가는 승객들도 달리고 싶어한다. 굽은 선로는 누가 올바르게 펴 줄 것이며 선로에 놓여있는 잡다한 장해물은 누가 치워 줄 것이며 승객을 위하여 선로주변에 누가 꽃을 심고 가꾸어 줄 것인가.

"너의 책무는 무엇이며,"

"나의 책무는 무엇이며,"

"우리들의 책무는 과연 무엇인가." ?

과연 이러한 물음에 선선히 답하며 그 책무에 소홀하여 벗어남은 없는지 구인순 시인의 시집 [푸른밤. 천 길 같은 고요 속에]을 잠행하며 그 의미망을 탐색해보고자 한다.

푸른 산 나지막이 둘러싸인 송추 저수지
밀짚모자 눌러쓴 낚시꾼의 날카로운 시선은

수면에 반사되어 은빛으로 빛나고
잔잔한 물여울 끊임없이 퍼져나가면
속 깊은 시인의 마음 물무늬로 아롱진다

허공을 갈래 저으며
한껏 휘어진 낚싯대
현란한 햇살을 튕기는 줄 끝에
금빛 붕어 몸부림치면
은빛 파장에 바람도 춤춘다

해그림자 등에 지고
기다림을 배워 인내를 건져 올리려 하지만
빗나간 사랑같이 잡히지 않고
처음으로 되돌아 온 순간
희미한 상념의 그림자가 어둠에 갇히면
바람의 파문이 걸려던 찌불에
죽어간 시념의 사유가 어신을 보낸다

[시인의 낚시] 전문

예시는 시집 [푸른밤, 천 길 같은 고요 속에]의 서시다. 전쟁을 치르듯 세상의 한 모퉁이에 자신의 자리를 마련해야 하는 시인의 의식과는 달리 어두워지는 저녁은 모든 존재들이 자신의 자리로 돌아와 내면의 침묵과 대면하는 시간이다.

시어를 찾지 못하는 상태에서 '죽어간 시념의 사유가 어신.' 을 보낸다. 라는 운동성 사이에 놓여 있는 자아를 인식하는 화자의 심상의 발로가 내밀한 자의식의 뚫고 "바람의 파문이 걸려던 찌불에/죽어간 시념의 사유가 어신을 보낸다." 라고 말하고 있다. 찌불이란 낚시인에게 있어 등대와도 같은 존재임을 인식하고 시인은 몸을 한없이 확장시켜 사물을 몸의 보자기로 싸안거나 샅샅이 뒤져 이미지의 흔적을 발견해내는 상상력을 보여준다. 그것은 단순한 수사적 상상력이 아니라 자신과 대치한 시어의 한계를 허물고 싶다는 욕망과 관련된, 상승이나 하강이 아닌 수평적 번짐의 상상력이다. 그는 시의 이미지를 통해 붙박임과 초월만이 아닌 수평적 확장과 축소의 세계가 있다는 것을 새롭게 발견한다. 독자에 따라 자신의 상황에 맞는 어떠한 대상이 있을 것이다. 홀로 존재하는 세계가 있을까? 어울림이 있기에 아름다운 세계는 존재한다. 여기에서 어울림이란 드러남보다 감추어진 세계이며 이것은 그 세계에 대한 동경과 그리움을 수반한다.

"빗나간 사랑같이 잡히지 않고/처음으로 되돌아 온 순간 /희미한 상념의 그림자가 어둠에 갇히면." 이렇게 인간의 감정이나 사상 또는 자연의 비밀스러운 내면을 드러내는 작업에 충실하다.

단정을 거부하는 만상의 세계이기에 모두를, 아니면 한가지 사실을 정면으로 탐색한다는 것은 불가능하다. 그러므로 시인은 조심스럽게 단면을 탐색함으로써 전체를 유추케 하거나, '돌려 말하기'를 하되 정작 이모저모를 상상케 하여 내밀한 세계의 진실에 가까이 접근을 시도 한다. "바람의 파문이 걸려던 찌불에/죽어간 시념의 사유가 어신을 보낸다."라는 언술처럼 미처 사람들이 인식하지 못하였거나 드러내지 못한 현상들을 시인은 관찰과 사색을 통한 숙련된 감각의 촉수를 뻗어 한 편의 시로 형상화하고 있다. 비록 타인이 노래한 것이라 할지라도 독자 또한 만상의 감정을 지녔고 그 중 한가지 이상의 정서와 공통분모를 형성하게 되므로 공감이나 미적 감흥을 공유할 것임에 틀림없다.

혼자 걸어야 하는 길
세상과 어울림의 한마당을 펼치고자
죽음의 그림자를 환한 빛으로 승화시키는 벗이여

생의 사유가 얼마 남지 않았다는 죽음의 선고를 담보로
예술혼을 불태워 올리는 나의 벗이여
파도소리, 바람소리, 갯가를 구르는 돌멩이 하나에도
사랑을 실어 전하는 감동의 마음
살아 온 세월의 더께 어깨를 짓눌러도
타인에 대한 사랑이 지순한, 학과도 같은 사람
하늘의 별보다 빛나는 영혼을 가져
당신이 감동하는 세상보다 더한 감동으로 세상을 여울지게 하는 이여
유영하는 물고기와 미려한 학의 춤사위
이곳이 통영이고 자신이라며
작은 울림으로 삶의 전언을 길어 올리며
밝고 환한 빛의 색채 속, 비상의 꿈을 펼쳐
일몰의 태양을 밀어올려
순백의 캔버스를 노을로 물들이는 이여

[노을에 물드는 이여] 전문

"일몰의 태양을 밀어올." 린다.는 역설은 무엇인가. 시공간의 보이지 않는 경계를 타고 넘어가는 존재의 움직임인 동시에 우주의 변화를 역으로 거슬려 오르려는 시인의 의도 하는 바는 존재가 경계를 넘어가는 과정, 또는 세계의 무목적성에 대한 오랜 응시로 삶에 예정되어 있는 불행을 눈치채버린 이의 삶의 텅 빔과 헛됨 견딜 수 없는 허무의 무게에 민감하게 반응하는 상상력이 빚어낸 시다."혼자 걸어야 하는 길/세상과 어울림의 한마당을 펼치고자/죽음의 그림자를 환한 빛으로// 노을은 고단한 삶을 향해 소리를 내면서 다가오고, 시인은 어둠 속에서 존재가 "노을에 물드는 이."의 자리를 찾아가는 소리를 듣는다.

시인이 가슴 설레며 가리키는 "순백의 캔버스를 노을로 물들이는 이"는 하나의 암호다.

그 너머의 세계를 감춰두고 결코 보여주지 않는 뜻은 지인의 고단한 삶을 시로 형상화한 탓으로 미루어 짐작된다.

지리산 운해, 바람에 밀려 가면
아련한 실루엣을 투명한 햇살에 벗고
억겁의 세월을 굽이쳐 온 섬진강이 보인다

버들강아지 춤추는
은백의 모래사장을 품고
낮은 음계로 뭉쳐진 세레나데로 흐르다
푸르른 강심 훤히 드러내고 하늘을 향해 누운 보은의 강

강이 산을 안았나
산이 강를 품었나
삼라만상의 경계를 지우고
산그림자 강심을 따라 흔들리면
봄은 섬진강 품에 안긴다

홍 · 백의 매화, 바람을 손짓하고
순백 벚꽃, 소담스런 햇살을 물고
초록이 물무늬 그리며 잠겨 드는 섬진강

[섬진강변을 달리며] 전문

시인의 상상은 기억의 편린 속에서 비롯되며 그 상상의 나래는 오늘의 무수한 일상을 건너오며 펼쳐진다.

과거와 미래의 한 틈새이기도 한 오늘을 시인은 어떻게 받아들여 탐색의 끈을 늦추지 않는가에 대하여 살펴보는 일은 중요하다. "삼라만상의 경계를 지우고/산그림자 강심을 따라 흔들리면/봄은 섬진강 품에 안긴다." 시의 꿈은 시인의 과거로부터 미래까지를 건너며 그 체득의 몸살을 앓고 있으되 오늘의 새로운 질량으로 확장의 손길을 늦추지 않고 있다.

구인순 시인의 시적 의미망에 돌출되는 두드러진 특징은 "닫힌 세계의 근본적인 명제를 감싸 안."음으로 해서 열린 세계를 지향하는 대응방식이 대체로 시의 주류를 이루고 있다.

어둠과 슬픔 등의 이미지에서 밝음과 희망의 이미지 쪽으로의 무수히 일탈하려는 극복의 의지가 시적 진정성의 담론을 창출하고 있다. 심상에서, 아니면 일상의 현상적 징후의 파악에서 시작되는 이런 치열성과 세상의 왜소화된 심각성을 확대하고 변전시켜 숙고의 담론구축을 위한 상상은 시의 힘으로 발화하고 있다. 이처럼 구인순 시인의 첫 시집의 작품들을 대하며 시인의 의식 속에서의 끝없는 자기반성과 자아성찰에 대한 관심폭의 광활함을 읽을 수 있다.

아궁이 속 어둠을 밀쳐내며 빛을 깨우는 죽비 소리
잔솔가지 불꽃 지펴 한 생을 지우는 다비의 소리
다홍의 빛, 살아서는 이루지 못한 푸름을 살라
한삼자락 바람에 날리우는 열정의 춤사위

님 향한 일구월심
인고의 바다를 건너고
한 줌의 재마저 남김없이 공중에 비산하는
파리한 심장의 울림은
산빛이 되어 바람 앞에 울고 섰네

풀지 못한 연의 굴레
예나 지금이나 붉게 타고 있어
아득히 먼 시공을 돌고 돌아 되짚어온

윤회의 업을 진 왼 가슴
푸르게 불지핀 화엄의 빛바다

[나뭇가지 태우며] 전문

오늘이라는 시간을 살고 있지만 지워져 가는 과거와 그려내는 미래의 숙명은 받아들여야만 하는 존재의 그늘이라는 의미를 새겨볼 수 있으며 타인과의 화해적 방법을 직시하며 자신을 비워낼 줄 아는 극복의 한 편린을 여기서 살펴볼 수 있다.

"풀지 못한 연의 굴레 /예나 지금이나 붉게 타고 있어 /아득히 먼 시공을 돌고 돌아 되짚어온 /윤회의 업을 진 왼 가슴 /푸르게 불 지핀 화엄의 빛바다."에서 느끼는 현상과 같이 사람의 도리를 다하고자 하는 바를 보여주고 있다. 결국, 현대를 사는 오늘의 우리들은 현실적 욕망과 그에 대한 상승작용의 환상을 쉽게 지울 수는 없다.

이런 환상으로부터의 준열한 가치관의 확립을 보여주는 절제된 마음의 경지를 읽을 수 있다.

영과 육이 따로 가는 슬픈 여정
마음은 천상을 거닐지만
세상과의 타협에 익숙지 않은 너
가끔 찡그리는 이마의 주름살은
아픈 세월의 상흔이 각인된 흔적
불의와 모순 앞에서는 타협지 않지만
인간의 정 앞에선 여린 들꽃 같은 너
약관의 나이에 시와 결혼해버린 사내
한 시대를 풍미하며 굵은 획을 그어가는
이 시대의 모순이 낳은 풍운아

[꽃비] 일부

차오름을 여백의 겸손으로 아로새겨
진정한 비움의 미학을 실천하여
다른 이들의 지난한 삶을 위해
스스로를 버리는 줄 아는 사람
희망의 바다로 자유의 깃폭을 올리고
융융한 흐름의 시의 대양을 항해할 수 있을까?
명징한 길을 제시한 님의 뜻을 반추해 보는 시간

[어떤 길] 일부

가슴에서
가슴으로 번져 가는
어둠의 흐느낌들이
장송곡처럼 난무하고
이슬에서 이슬로 피어나는
고운 향내 음이
가을의 노래처럼 퍼져갈 때
그리운 이여
그대는 마음의 문밖
단절의 사계 속에서
내 눈물을 먹는가

[내게로 오라] 일부

인용한 예시에서 명징하게 드러나듯 대상을 주관적으로 객체화하여 만든 생동감 있는 이미지들과 속도감 있는 언어감각으로 자신의 독특한 작품 세계를 구축하는 구인순 시인이 시를 통해 끈질기게 말하려하는 것은 죽음에 둘러싸인 우리 삶에 대한 자아성찰이다. 그 죽음은 생물학적 개체의 종말로서의 현상적, 실재적 죽음이 아니라 삶의 내면에 커다란 구멍으로 들어앉은 관념적, 선험적 깨달음을 이야기한다. 하여 그의 첫 시집 제목이 [푸른 밤, 천 길 같은 고요 속에] 인 것도 우연은 아니다. 그의 시세계는 일상적이고 자명한 것의 평화와 질서에 길들여져 있어 우리의 나태하고 무분별적인 안일한 의식을 찌르고 괴롭힌다.

그대의 하늘에도 비 오나요?

식지 않는 땅의 열기는 하늘을 데웁니다
갈비뼈 마디마디 시린 가슴살
대지 위에 푸른 깃폭으로 심었으나
오늘도 하늘은 잿빛으로 웁니다

그대 품은 하늘을 가르며
천공을 휘황하게 불 밝히는 광채
번쩍이며 쏟아지는 은백색 푸른 섬광에 영과 육이 갈려
먼길 떠나간 당신의 흔적은 어디에도 없네요

님 떠난 자리 지워지지 않는 상흔이
노란 나비 되어 하늘에 날아올라
그대 떠난 자리 맴돌지만
아득한 슬픔의 공간, 상처 입은 날개 더는 날지 못하고
날 선 슬픔이 속눈썹을 타고 흘러
눈물 한 방울 창백한 바람 위에 떨어냅니다

그대 나를 향하실 때,
비를 타고 오시기를,
햇살 쨍한 날
그대 그림자만 찾아들면

더욱 서러울 것이기에

하늘하늘 투명한 비의 날개를 펼쳐들고…,

[그대는 비와 함께 –정규봉 (미카엘)님께]

예시는 앞서 소천한 부군을 향한 일구월심이다. 살아가는 과정이 곧 죽음이다. 그러므로 우리는 누구나 죽음 위에 있으며 '어디로 가고 있는가' '어떻게 갈 것인가' 에 대한 물음을 되풀이하며 산다. 그러나 구인순 시인의 자의식은 죽음에 머물러 있지 않는다.

예시에 서술된 시어는 그야말로 다채롭다. "그대 품은 하늘을 가르며." "갈비뼈 마디마디 시린 가슴살." "대지 위에 푸른 깃폭으로 심었으나 ", "날 선 슬픔이 속눈썹을 타고 흘러." "눈물 한 방울 창백한 바람 위에," 이 모두가 그리움이요. 애달음이자 못다한 사랑의 노래이다. 시인이 우는 것이 아니라 삼라만상이 우는 것이고 그 눈물은 화자의 의도나 특정한 목적에 의한 것이 아니다. 주체와는 상관없는 자의적 울음이고 때문에 시적 수사를 통해 하늘이나 특정 공간으로 그의 울음을 띄워 올리는 것이 아니라 위도 아래도 아닌 "비"에 있는 그대로를 그린다.

대상을 부여했지만 대상이 없는 것이나 마찬가지인 것은 그것이 모두 "한바탕 꿈"이기 때문이다. "비"라는 현실과 꿈 속의 해후, 모든 변별점을 사라지게 하는 만남으로 이어진다. 즉 그 언어의 지시에 연동하여 '하늘하늘 투명한 비의 날개를 펼쳐들고," 조우하고자 언술하는 것이다. 그러므로 [그대는 비와 함께]의 "그대 나를 향하실 때, /비를 타고 오시기를, /햇살 쨍한 날 /그대 그림자만 찾아들면 /더욱 서러울 것이기에" 또한 시작도 끝도 없는 투명한 언어가 만드는 필연적 그리움이 잉태한 일상의 기록인 셈이다.

깊은 서정성과 삶의 리얼리티가 절묘한 힘을 구축하고 있는 구인순 시인의 첫 시집.[푸른 밤, 천 길 같은 고요 속에]를 탐독해 보았다. 모든 시대에는 그 시대가 원하는 시가 있다. 적어도 그 점에 있어서 문학에서 리얼리즘을 말하는 것은 정당하다. 리얼리티 또한 현실이 문학의 핵심이고 이 핵심에 시대적인 것이 놓여있다는 것 또는 놓여 있어야 한다는 것은 틀림이 없다. 사람이 사는 현실을 떠나서 문학이든 철학이든 다른 무엇에 필요성을 느낄 수 있는가. 이러한 명제의 포괄성은 역사와 사회 더군다나 사람의 사회에 대한 어떠한 물리적 장치로는 환치될 수는 없다.

삶의 현실과 문학의 현실은 그것으로 포획할 수 있는 이상으로 복잡하다. 오늘의 시의 존재방식과 관련하여도 사회와 관련하여 우울의 이중구조를 다시 한 번 생각할 필요가 있다. 오늘의 사회에서의 우울은 어둠에 못지않게 밝음으로 인한 것이다. 물론 이 밝음은 분명하지 않다. 또 다른 문제의 하나는 어둠도 어둠으로서 분명한 것이 아니라는 사실이다.

외부세계로부터 인식되는 탐구와 자신의 사상과 감정의 탐색으로 이루어지는 두 세계 간의 적절한 조율과 조합을 통하여 자아성찰로 가는 큰 발전이 있길 바라며 구인순 시인의 시 한 편을 감상으로 이 평설을 마친다.

가슴 속 깊이 자리 잡은
너를 향한 분별조차 어두운 자신을
용서하는 것을 네가 알 수 있는지

용서한다는 것은
사랑이라는 마술 앞에
맥 못 추는 몸짓에 불과한 허물 많은 자신을
한 겹 벗겨 내는 것인지도 몰라

번민은 영혼을 구속하고
나의 실수, 큰 아픔을 잉태한 상처 되어

실핏줄마다 핏톨 푸르게 태동하여
붉은 심장을 관통해 흐르지만
그대 위해 행한 일이라고 묻어 두기엔
파리하게 접절린 가슴으로 힘에 겨워 하는 것

용서란 스스로 위무하고
자신을 이겨가는 싸움이라
너보다 내게 더욱 관대해지는 일
영육을 정화시켜 우리란 명제 아래
서로를 사랑해보자는 열정의 몸부림
오늘은 다른 누군가를 위해 살아보자는
자아와의 치열한 한판 승부

[용서란 이름 앞에] 전문

푸른밤, 천길 같은 고요 속에

인쇄 2011년 9월 26일
초판 1쇄 발행 2011년 9월 29일
지은이 구인순
펴낸이 전형철
편집 GAP
웹디자인 김태완
펴낸곳 모던포엠 출판부 도서출판 **채운재**
후원 월간 모던포엠
주소 100-861 서울시 중구 충무로2가 49-8
(서울빌딩 202호)
전화 02-704-3301
팩스 02-2268-3910
손전화 010-9184-5223
이메일 mopo64@hanmail.net
정가 10,000원